# PRISCILLA SHIRER

# RENUÉVAME

*90 días con el Dios*
*que habla*

Lifeway Recursos
Brentwood, Tennessee

Impreso en RRD, China 978-1-4300-9359-6
Publicado por B&H Español Brentwood, Tennessee

Clasificación Decimal Dewey: 242.643
Temas: LITERATURA DEVOCIONAL
VIDA CRISTIANA \ MUJER

EQUIPO EDITORIAL
LIFEWAY RECURSOS

Giancarlo Montemayor
*Vicepresidente,
Lifeway Global*

Carlos Astorga
*Director Editorial,
Lifeway Recursos*

Juan David Correa
*Editor general,
Lifeway Recursos*

Denisse Manchego
*Editora de contenido*

Andrea Nulchis
*Diseñadora gráfica*

1 2 3 4 5 6 7 8 - 28 27 26 25 24

*Para la tía Jo*

# Introducción

Uno de los regalos que trae consigo la edad es el aprecio por algunas de las cosas más sencillas y comunes que antes parecían mundanas. A medida que pasan los años, se acentúa el tesoro escondido en las virtudes humildes y sin pretensiones, como el descanso, el silencio y la alegría de un día normal. La atracción por la actividad y los logros disminuye y es sustituida lenta, constante y adecuadamente por un interés por asuntos más internos.

Por eso no creo que hubiera podido escribir un devocional a los veinte años. Estaba demasiado ocupada. Tanto externa como internamente. Si lo hubiera intentado, probablemente me habría perdido parte de la alegría personal que se encuentra en el proceso de saborear, meditar y reflexionar sobre los muchos versículos y lecciones que leerás en estas páginas. Me habría apresurado a *terminar en* lugar de ser capaz de aprender del *viaje* que me ha llevado hasta este punto final. Pero Dios es misericordioso y me ha permitido esperar hasta esta etapa de mi vida antes de publicar estos devocionales, cuando mis hijos son mayores, mis ambiciones están más niveladas y mi interés por disciplinas espirituales eternas como la oración y la meditación de las Escrituras se ha intensificado.

La mayoría de lo que encontrarás aquí son susurros personales del Espíritu de Dios a mi propia alma durante la última década. Inicialmente no los escribí con la intención de publicarlos, sino simplemente para hacer una crónica de mi tiempo personal con el Señor, plasmado en cuadernos de espiral comprados en una tienda y llenos de papel de rayas anchas. Para ser sincera, he encontrado libros devocionales mucho más perspicaces que éste: recopilaciones ricas e intemporales de generaciones pasadas, volúmenes que han sido el marco de mi propia formación espiritual.

Y sin embargo, por humilde que sea, lo que tengo, te lo doy. Estos pasajes y pensamientos devocionales a menudo me han desafiado, otras veces me han animado, pero *siempre* me han transformado de alguna manera significativa, reorientando mi

1

enfoque, cambiando mi perspectiva, impulsándome a actuar y purificando mis motivaciones internas. Pero no sin invertir tiempo y tranquilidad en el proceso. A medida que he ido creciendo, he descubierto cuánto tesoro hay disponible más allá de la lectura superficial de un versículo bíblico. He aprendido no sólo a escudriñarlo, sino a *trabajar con él*, a esperar bajo la luz reveladora del Espíritu de Dios hasta que algún aspecto de mi fragilidad quede expuesto y sea llevado a la ternura de Su obra santificadora.

Quiero que tú también vivas esta misma experiencia. Por eso he salpicado cada lección con invitaciones «Dios me habla»: pasajes adicionales para leer o buscar, así como páginas de diario para ayudarte en tus propios momentos de espera sagrada ante Dios. Espero que te animen en las disciplinas que cambian la vida y que harán que el devocional de cada día merezca la inversión de tiempo que le dediques. Contempla y luego registra lo que Dios te está mostrando acerca de Él, acerca de *ti misma*, y lo que Él te está llamando a notar y a responder en las vidas de otras. No te sientas presionado a utilizar estos pequeños matices adicionales todos los días, pero tampoco estés demasiada ocupada para no utilizarlos. La parte de orar, escuchar, meditar y grabar es donde tiene lugar el trabajo interno, el trabajo importante. Por eso importan las devocionales.

Que estos pasajes aporten una dimensión añadida, o incluso una dirección renovada, a tu propia relación con el Salvador durante los próximos noventa días. Ya seas joven o mayor, que te animen y te reorienten hacia la sencilla belleza de sentarte con Él, escucharlo, hablar con Él y ser iluminado por la carta de amor que te dirige. Oro para que cada día te sientas menos atraída por el torbellino temporal y acelerado de las tareas menores (aunque necesarias) y te reenfoques en las cosas más grandes, cosas que no son aplaudidas ni apreciadas por la mayoría, pero que son eternamente reconocidas por Uno... el Único que hace que valga la pena vivir. Aquel que quiere *Renovarte* cada día al sonido de Su voz.

*Y a aquel que es poderoso para guardaros sin caída,*
*y presentaros sin mancha delante de su gloria con gran alegría,*
*al único y sabio Dios, nuestro Salvador, sea gloria y majestad,*
*imperio y potencia, ahora y por todos los siglos. Amén.*
JUDAS 24-25

# Buenos días

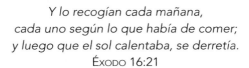

*Y lo recogían cada mañana,*
*cada uno según lo que había de comer;*
*y luego que el sol calentaba, se derretía.*
ÉXODO 16:21

Hay algo que ocurre cuando calienta el sol. El calor de las pruebas del día. El ardor devorador de energía de sus presiones y acontecimientos. Las preocupaciones pueden surgir en esas horas de la tarde, cuando el tiempo pasa tan deprisa, cuando estamos seguras de que no podremos lidear con ellas en la cantidad de luz solar que nos queda. A veces, esas tensiones pueden ser lo bastante abrumadoras y descaradas como para derretirnos en nuestro camino, haciendo que la fuerza y la resolución de nuestro corazón se debiliten y desaparezcan.

Y aunque esta realidad es tan actual y relevante como el día que estás viviendo ahora mismo, también es tan antigua como las experiencias que los israelitas del Antiguo Testamento pasaron. Ellos salían de sus tiendas cada mañana al amanecer, ansiosos por recoger el maná que Dios había esparcido por el suelo durante la noche. Esta era una parte fundamental de su día. Una actividad necesaria. Porque sabían que, una vez que el sol ascendiera hacia su posición elevada en el cielo, este pan del cielo se derretiría. Sí, lo recogido en su cuenco sería más que suficiente para las necesidades del día. Podrían servir a sus familias y estar seguros de la provisión de Dios, basada en la abundante medida de lo que Él les había dado. Pero tendrían que esperar hasta la mañana siguiente para volver a encontrarlo nuevo, listo para el trabajo de otro día.

Tal vez esta antigua ilustración represente para nosotros la razón por la que nuestros corazones tan a menudo se agitan por una palabra fresca de Dios, pan fresco, temprano en la mañana, antes de que el calor del día se haya instalado.

Soy consciente de que no todo el mundo es madrugador. También me doy cuenta de que, dependiendo de la etapa de la vida en la que te encuentres y de tu horario semanal, tu «mañana» puede tener lugar a horas distintas y poco habituales del día. Pero estoy convencido de que la mañana es un principio, no sólo un momento del día. Significa una posición de prioridad, un lugar de preeminencia. Tal vez sueles dedicar tus primeros destellos de atención cada día al noticiero o a tu correo electrónico, a las diversas tendencias y actualizaciones que te perdiste mientras dormías. Pero esos momentos siempre se invierten de manera más valiosa cuando buscamos a Dios, alimentándonos de Su Palabra, escuchando lo que susurra mientras tu corazón está más abierto, fresco y capaz de asimilar la verdad. Así que a medida que avanzas en cada nueva jornada devocional, continúa dándole a Él tu primer pensamiento al despertar, dirigida hacia arriba como un tazón de desayuno listo para recibir el maná que Él fielmente provee. Una palabra fresca y misericordias frescas. Recuerdael principio de la «mañana», y dar prioridad al maná que Él te ofrece. Comienza cada día y cada decisión con una declaración inmediata de completa dependencia de Él.

> La mañana significa una posición de prioridad, un lugar de preeminencia.

Porque pronto saldrá el sol.

Tu maná está en camino.

*Por la misericordia de Jehová no hemos sido consumidos,*
*porque nunca decayeron sus misericordias.*
*Nuevas son cada mañana; grande es tu fidelidad.*
LAMENTACIONES 3:22–23

# — Dios me habla —

¿Cómo podría aplicarse este principio «matutino» a tu vida ahora mismo? ¿Qué puedes hacer para asegurarte de que Dios es tu prioridad cada día de tu vida y en cada decisión que tomas?

_____

_____

_____

_____

_____

_____

_____

_____

_____

_____

_____

_____

_____

_____

_____

_____

*El pan nuestro de cada día, dánoslo hoy.*
Lucas 11:3

_Oh Jehová, de mañana oirás mi voz;_
_De mañana me presentaré delante de ti, y esperaré._
Salmo 5:3

# ¿Qué tienes?

❦

*Y Eliseo le dijo: «¿Qué puedo hacer por ti?*
*Dime qué tienes en casa».*
2 REYES 4:2 NBLA

Casi siempre existe un vínculo común entre nuestras necesidades y las respuestas de Dios, un hilo entretejido en la tela de nuestra relación con el Padre que, si se pasa por alto, puede costarnos la experiencia más íntima y majestuosa posible con Él en este lado de la eternidad. Y en 2 Reyes 4, este hilo crucial está claramente marcado para que todos lo veamos.

Una mujer, sin marido ni estabilidad económica, acudió al profeta Eliseo en busca de ayuda. Los acreedores le exigían el pago de sus deudas, amenazándola incluso con quitarle a sus hijos como parte del trato. Ella estaba desesperada, llorando, sin poder pagar e incapaz de hacer mucho en absoluto.

El hombre de Dios la escuchó amablemente. Le preguntó cómo creía que podía ayudarla. Pero antes de esperar su respuesta a esa pregunta, le planteó otra más importante: «¿Qué tienes en casa?» ¿De qué recursos dispones?

Con qué facilidad señalamos nuestra carencia. Cuán específicamente iluminamos nuestra deficiencia. Con qué rapidez nos consumimos con la evidencia clara de todo lo que está obrando en contra de nosotras, las dificultades que nos están presionando en una situación tan desesperada. Somos mucho menos propensas a acentuar los dones y bendiciones que nos rodean.

Pero Eliseo, al volver a centrar la atención de la viuda en la escasa vasija de aceite que estaba allí, en medio de todas sus dificultades y penurias, cambió para siempre la forma en que ella miraría su necesidad más desgarradora. También puede cambiar nuestra forma de ver las cosas. Como un rayo de sol que atraviesa las nubes en un día sombrío, la esperanza atravesó la oscuridad de su hogar. Los cimientos de un milagro estaban delante de sus narices... si se tomara el tiempo y la energía necesarios para buscarlos. Si tan sólo se dedicara a esperar las respuestas de Dios como se había dedicado a presentar sus quejas.

«¿Qué tienes en casa?» ¿En tu casa? ¿A tu alcance? A veces esperamos impacientemente a Dios cuando Él nos está esperando pacientemente a nosotras, esperando que reconozcamos lo que Él ya nos ha dado como parte de la respuesta a nuestro problema. ¿Qué pequeña olla de aceite has pasado por alto? ¿Qué pequeña posibilidad has decidido ignorar? ¿Qué breve lapso de tiempo has menospreciado? ¿Qué pequeñas señales de bendición has criticado por ser insuficientes? ¿Qué pequeños y humildes comienzos has arrinconado al último estante, considerándolas indignas de ser la base de las intenciones milagrosas de Dios?

> A veces esperamos impacientemente a Dios cuando Él nos está esperando pacientemente a nosotras.

Tal vez la respuesta por la que has estado orando ya está ahí, una respuesta de Dios a tu súplica, lista para ser aplicada inmediatamente a esta situación.

Dios siempre será fiel para ayudarte a superar los retos desesperados a los que te enfrentes. Algunas cosas, obviamente, sólo Él puede hacerlas. Pero echa un vistazo a tu alrededor para ver lo que ya tienes a tu disposición. Ese pequeño frasco de aceite puede ser el comienzo del movimiento más espectacular de Dios que jamás hayas visto.

*Mas buscad primeramente el reino de Dios y su justicia, y todas estas cosas os serán añadidas.*
MATEO 6:33

# - Dios me habla -

¿Cuáles son algunas de las «vasijas de aceite» que podrías estar pasando por alto en este momento y que Él ya te ha provisto? Haz una lista y tenla a mano para gratitud y reflexión futuras.

_Pues Su divino poder nos ha concedido todo cuanto concierne a la vida y a la piedad, mediante el verdadero conocimiento de Aquel que nos llamó por Su gloria y excelencia._
2 PEDRO 1:3 NBLA

_____

_____

_____

_____

_____

_____

_____

_____

_____

_____

_____

_____

_____

_____

_____

_____

*Honra al Señor con tus bienes y con las primicias de todos tus frutos; entonces tus graneros se llenarán con abundancia.*
*Y tus lagares rebosarán de vino nuevo.*

PROVERBIOS 3:9–10 NBLA

# Ven a descansar

---⬧---

*Él les dijo: Venid vosotros aparte a un lugar desierto,*
*y descansad un poco.*
MARCOS 6:31

E—l descanso se está convirtiendo en un arte perdido en nuestra cultura moderna. Hemos cambiado su valor de antaño por un ritmo de vida agitado y acelerado, que poco a poco ha desintegrado nuestro fervor y nuestra pasión y, al mismo tiempo, nos sube la tensión. Cada veinticuatro horas están repletas de un número insostenible de tareas que nos hemos impuesto a nosotras mismas, así como de exigencias que hemos permitido que otros consideren tan urgentes como para imponérnoslas a nosotras.

Y basándonos en nuestro cansancio y frustración, daríamos cualquier cosa por liberarnos de la carga.

Pero el descanso ya no parece una opción viable. ¿Hemos dejado de lado para siempre cualquier tipo de realidad que se atreva a incluir el descanso como parte de un día típico? ¿O una semana? ¿O... mes? (¿O... *año*?)

Cuando Jesús envió a Sus discípulos a una misión específica en Marcos 6:7-11, no los protegió del hecho de que su viaje no sería particularmente fácil. La gente se negaría a escucharlos, y mucho menos a darles hospitalidad. Cualquier motivo de entusiasmo se vería contrarrestado por cualquier número de razones legítimas para abandonar y desanimarse. Estarían facultados para predicar, sanar y difundir las noticias del reino, sí, pero también estarían agotados en todos los frentes física, emocional y espiritualmente. E incluso después de regresar a casa tras su agotador viaje, la gente seguiría «yendo y viniendo», hasta el punto de que los discípulos «ni siquiera tenían tiempo para comer» (v. 31).

Así que como primera orden del día a su regreso, Jesús los saludó con instrucciones claras: «Venid... descansad un poco». No era una petición. No era una sugerencia amistosa. Era una orden de Jesús. *Esto es lo que van a hacer.* Habían pasado por mucho. Y aún quedaba mucho por hacer. Pero por ahora... descansen... vengan y descansen. Al menos por un rato.

¿Alguna vez te has sentido culpable por tomar tiempo para reagruparte y recargar energías? ¿Sientes que estás desperdiciado una oportunidad si no llenas todos los huecos de tu agenda? ¿Temes que tu mundo deje de girar si te desconectas aunque sólo sea unos instantes? ¿Te preocupa perder tu ventaja competitiva si no conviertes cada momento en logros y máxima eficiencia?

Entonces escucha la voz de tu Salvador dándote la bienvenida a un lugar donde la gracia fluye, donde el Espíritu reabastece, y donde la misericordia arregla lo que ha sido tenso y estresante por la acumulaciónde las presiones de la vida. Esta es el espacio en el que las prioridades y las relaciones que se han desajustado y necesitan reparación se arreglan y se recalibran.

> El tiempo de silencio no es una excusa para los perezosos, sino una sabia inversión para los diligentes.

El tiempo de silencio no es una excusa para los perezosos, sino una sabia inversión para los diligentes. Es para quienes se comprometen a ser servidoras y seguidoras activos de Jesucristo en lugar de esclavos de la tiranía del ajetreo y la actividad urgentes. Si damos prioridad al descanso para nosotras y para nuestros seres queridos, tal vez redescubramos la alegría que creíamos haber perdido para siempre.

*Mi presencia irá contigo*
*y te daré descanso.*
Éxodo 33:14

# - Dios me habla -

¿Cómo sería para ti un tiempo de descanso planificado hoy? ¿Este mes? ¿Este año? ¿Quiénes son las personas a las que puedes rendir cuentas?

_____

_____

_____

_____

_____

_____

_____

_____

_____

_____

_____

_____

_____

*Venid a mí todos los que estáis trabajados*
*y cagados y yo los haré descansar.*
MATEO 11:28

_Es en vano que se levanten de madrugada, que se acuesten tarde, que coman el pan de afanosa labor, pues Él da a Su amado aun mientras duerme._
SALMO 127:2 NBLA

# Correr para ganar

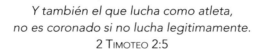

*Y también el que lucha como atleta,
no es coronado si no lucha legitimamente.*
2 TIMOTEO 2:5

Cualquier deportista que se precie conoce el riguroso entrenamiento que debe llevar a cabo para alcanzar la victoria. El éxito no llega por casualidad ni por arte de magia. Su preparación debe ser metódica y sistemática. Madrugadas. Sacrificios programados. Cualquier sueño de llevarse a casa un título es improbable, si no imposible, sin perfeccionar su arte hasta casi la perfección mediante un compromiso y una diligencia minuciosos. Debe desarrollar sus músculos, aumentar su resistencia y perfeccionar su técnica hasta que ejecutarla con fluidez le resulte tan natural como respirar.

Nadie retrocede accidentalmente en los logros deportivos al más alto nivel. *Nadie.*

Por eso siempre es una lástima que una atleta bien entrenada, que ha dedicado su vida y su cuerpo a esta actividad, acabe tirándola por la borda al negarse a seguir las normas de su deporte. Qué triste es ver cómo se desperdicia toda esa práctica, cómo se infrautiliza todo ese potencial, cómo todo ese sudor y esfuerzo no sirven para nada, salvo para la descalificación y el fracaso por culpa de atajos éticos, químicos u operativos para alcanzar el éxito.

«Corred de tal manera que lo obtengáis» (1 Cor. 9:24). Léelo otra vez y verás: la victoria no está sólo en la carrera. Está en la *forma* de correr la carrera.

Como creyentes, por supuesto, nuestra posición correcta ante Dios no se ha ganado mediante nuestro propio esfuerzo espiritual. La gracia que hemos recibido no es otra cosa que el «don de Dios, no el resultado de las obras» (Ef. 2:8-9, NTV). *¡Aleluya!* A través sólo del sacrificio de Cristo hemos sido «liberados de la ley» (Rom. 7:6) y de sus efectos vinculantes sobre nosotras para nuestra salvación. Y, sin embargo, la Biblia marca claramente el camino que conduce a una vida cristiana próspera de victoria y bendición. En realidad no es un gran secreto. Dios ha dado a conocer las líneas de demarcación dentro de las cuales tu puedes experimentar el éxito en todos los roles en los que ha entrado en la vida, como padre, esposa, amigo, líder, todos los lugares en los que está decidido a sobresalir en servirle a Él.

No pierdas la oportunidad por rebeldía o por atajos ilegítimos o por indolencia espiritual. No tires por la borda las cosas a las que has sido llamada, equipada y preparada para convertirte, negándote a correr dentro de los límites divinos de obediencia que el Señor ha establecido para tu beneficio. Corre la carrera no sólo con resistencia y diligencia, sino también con una sumisión cuidadosa y vigilante a Su Palabra. Cuando te sientas tentada a ponerte en una mejor posición doblando un principio bíblico, mantente anclada al camino correcto. Cuando el Espíritu te alerte sobre una regla básica (que se siente en el momento de ser innecesario e incon- veniente), no retrocedas en rebeldía. Niégate a ti misma y síguelo.

> La Biblia marca claramente el camino que conduce a una vida cristiana próspera de victoria y bendición.

Corre para ganar. Confía en tu Padre para que te mantenga en la trayectoria ganadora, la que te lleva a escuchar «bien hecho» y a disfrutar de la satisfacción duradera de los logros eternos, los únicos logros que realmente importan de todos modos.

*Pero persiste tú en lo que has aprendido y te persuadiste, sabiendo de quién has aprendido.*
2 Timoteo 3:14

# - Dios me habla -

¿Cuáles son algunas pautas bíblicas básicas que has dejado de priorizar? Pídele al Señor que te las traiga a la mente.

_____

_____

_____

_____

_____

_____

_____

_____

_____

_____

_____

_____

*Sean hacedores de la palabra y no solamente oidores
que se engañan a sí mismos.*
SANTIAGO 1:22 NBLA

_Reconócelo en todos tus caminos,_
_Y él enderezará tus veredas._
PROVERBIOS 3:6

# Espéralo

✿

*Había en Jerusalén un hombre que se llamaba Simeón.*
*Este hombre, justo y piadoso, esperaba la consolación de Israel,*
*y el Espíritu Santo estaba sobre él.*
Lucas 2:25 NBLA

Es trella fugaz. Estoy casi segura de que era eso. Miré casualmente hacia el cielo del atardecer mientras llevaba la compra a casa desde el coche, y allí estaba: la cola de una estrella fugaz surcando los cielos. ¿O no? No podía asegurarlo. Todo sucedió muy rápido. Ya sabes cómo es: uno de esos momentos en los que desearías poder rebobinar la cinta, retroceder un minuto y medio, llamar a los niños para que salieran a verlo contigo y quedarte allí de pie, con la cabeza levantada y los ojos fijos en el lugar. Si supieras lo que se avecina, si supieras a qué atenerte, podrías captarlo todo de principio a fin.

Dios se mueve y trabaja a nuestro alrededor. Pero la mayoría de las veces tenemos la cabeza agachada, concentrados en pasar el día. No pensamos más allá del presente inmediato, no buscamos indicios de la actividad de Dios, sino que miramos el reloj y la lista de cosas que tenemos que hacer, preguntándonos cómo vamos a poder hacerlo todo.

Simeón, sin embargo, era un hombre que estaba «esperando» al Mesías. Tenía su trabajo diario, estoy segura, cosas que necesitaba mantener y realizar rutinariamente. Pero estaba siempre alerta, buscando algo, alguien especial que le cambiara la vida. El Espíritu Santo le dijo que el Libertador estaba cerca. Y como lo único que deseaba era ver con sus propios ojos a ese Ser prometido, puso su corazón en una postura de espera.

Un estado continuo de santa expectación, por si acaso éste pudiera ser el día en que el Hijo de Dios apareciera en el paisaje de su vida, cambiándolo todo para él y para todos los que lo rodeaban. Por eso, cuando María y José entraron en el templo, Simeón vio mucho más que todos los demás, que probablemente no vieron más que una familia judía corriente. En cambio, él reconoció el rostro de la salvación de la humanidad: «Luz para revelación a los gentiles, y gloria de tu pueblo Israel» (Lc 2:32).

¿Está hoy tu corazón preparado para reconocer la presencia de Dios? ¿Para ver Sus huellas digitales y oír Su voz? Los acontecimientos que otros llaman coincidencia, ¿los reconocerás como providencia soberana? Pídele al Señor que agudice tu sentidos para que vislumbres Su gloria.

**¿Está hoy tu corazón preparado para reconocer la presencia de Dios?**

Centra tu expectación. Inclínate hacia delante o de puntillas. Resiste la tentación de quedarte tan atrapado en lo temporal que no veas lo eterno. Busca en el horizonte dónde te está llamando Su voz o dónde están actuando Sus huellas en tu favor

Estate alerta. Estate presente. Comprométete plenamente en el día que se extiende ante ti.

Él estará allí. Esperando a ser visto por cualquiera que esté observando y esperando.

*Mi alma espera a Jehová más que los centinelas a la mañana, más que los vigilantes a la mañana.*
SALMO 130:6

# - Dios me habla -

Busca a Dios hoy. Pídele diligentemente que te muestre dónde Él está trabajando, dónde Su Espíritu se está moviendo activamente. Luego vuelve aquí y escríbelo.

_____

_____

_____

_____

_____

_____

_____

_____

_____

_____

_____

_____

_____

_____

_____

_____

_____

*Y Josué dijo al pueblo: Santificaos, porque*
*Jehová hará mañana maravillas entre vosotros.*
JOSUÉ 3:5

_____

_____

_____

_____

_____

_____

_____

_____

_____

_____

_____

_____

_____

_____

_____

_____

_____

*Mas yo a Jehová miraré, esperaré al Dios de mi salvación;*
*el Dios mío me oirá.*
Miqueas 7:7

— Día 6 —

# Mirar y ver

*Y vuelto a la mujer, dijo a Simón:*
*¿Ves esta mujer?*
Lucas 7:44

Mirar y ver son dos cosas distintas. Representan la misma brecha de atención que existe entre oír y escuchar. Una es simplemente la acción física, casi involuntaria, de un cuerpo humano en funcionamiento, mientras que la otra requiere la cooperación voluntaria del corazón. Muchos adolescentes rebeldes han accedido a la primera (mirar, no ver; oír, no escuchar), mientras que muestran poco interés o consideración por la segunda. De hecho, muchos adultos rebeldes también lo han hecho, si estamos siendo bastante honestas al respecto.

Esta postura engañosa es el pan de cada día de los ocupados, los egocéntricos y los altaneros. Siempre que estamos seguras de que nuestras agendas y reputaciones son lo más importante, carecemos de la sensibilidad y la compasión necesarias para prestar atención a lo que otra persona está diciendo y digerir realmente lo que está comunicando. No somos capaces de ver, de ver realmente, lo que ocurre en el corazón de otra persona y, por tanto, no somos capaces de ofrecer simpatía, compasión y resolución.

En este momento bíblico de Lucas 7, Simón el fariseo acababa de presenciar el impactante espectáculo de una mujer pecadora que entró sin invitación en su casa durante una cena, y derramó sus lágrimas de adoración y perfume sobre los pies de Jesús. Todos los ojos en la habitación la miraron, incluido el de Simón, horrorizados, estupefactos. Todos la miraron, pero Jesús pidió expresamente a Simón que *volviera a ver*.

Porque si realmente pudiera verla, sabría que esta mujer de aspecto desagradable, había venido buscando el perdón de su Salvador. Había venido en busca del perdón por pecados no peores ni más atroces que los cometidos por los engreídos y santurrones. Y si él hubiera *visto* esto en ella, en lugar de simplemente mirarla boquiabierto, su hipocresía se habría fundido en humildad. Su crítica se habría transformado en compasión. Su inclinación a juzgar habría desviado la cámara de inspección hacia sí mismo, de modo que habría podido salir de aquel lugar con los mismos dones que ella: la fe salvadora y la bendita «paz» de Jesús mismo (Lucas 7:50).

¿Cuán diferentes serían tus relaciones y encuentros con los demás si, por el Espíritu de Dios, pudieras convertir tu *mirar* en ver? ¿Cuánto más fructífero podría ser tu impacto personal en el día a día si dispones tu *oído* para *escuchar*?

> El iniciar este nuevo día, no te limites a mirar.

Te convertirías en un instrumento en la mano de Dios, preparada para Sus propósitos, impulsada por Su pasión, movida a muestras de gracia y misericordia hacia las víctimas heridas de un mundo perdido y moribundo.

El iniciar este nuevo día, no te limites a mirar. *Ve.* Pídele al Señor que te dé ojos de discernimiento para detectar capas bajo la superficie, y responder de manera que lo honre y bendiga a otros.

*Eliseo entonces oró, y dijo:*
*«Oh Señor, te ruego que abras sus ojos para que vea».*
2 REYES 6:17 NBLA

# - Dios me habla -

Piensa en algunas de las cosas que han ocurrido en tu vida, solamente en las últimas veinticuatro horas. ¿Cuáles son algunas de las cosas a las que has perdido la oportunidad de ver realmente?

_____

_____

_____

_____

_____

_____

_____

_____

_____

_____

_____

_____

*Señor, ¿cuándo te vimos hambriento, sediento, forastero,*
*desnudo, enfermo, o en la cárcel, y no te servimos?*
MATEO 25:44

_El oído que oye, y el ojo que ve,_
_Ambas cosas igualmente ha hecho Jehová._
Proverbios 20:12

— Día 7 —

# Dar y recibir

❦

*«Dad, y se os dará; medida buena, apretada,*
*remecida y rebosando darán en vuestro regazo;*
*porque con la misma medida con que medís,*
*os volverán a medir».*
Lucas 6:38

Desde que era pequeña, los veranos de nuestra familia siempre han incluido una semana de campamento en la iglesia. Todavía hoy, con mi esposo y mis tres hijos, cargamos el coche y nos adentramos dos horas en la selva del este de Texas para disfrutar de siete días enteros de deportes acuáticos, helados nocturnos y paseos a caballo por la mañana temprano. El último día, nos adentramos en el bosque, caminando al ritmo de los cascos de los caballos, antes de desmontar en una cabaña que ya está llena de los deliciosos aromas de un desayuno campestre y café caliente.

Pero antes de entrar, hay un lugar al que siempre vamos primero. Junto al porche hay un surtidor antiguo de agua en el que podemos lavarnos las manos del polvo y la suciedad de nuestro paseo matutino. Es el tipo de surtidor antiguo en el que hay que subir y bajar la manivela metálica para ponerlo en marcha. Pero antes de que *salga* agua fresca, hay que *verter* un chorro de agua. Un pequeño recipiente que cuelga cerca proporciona suficiente para iniciar el surtidor. Con tan solo esta pequeña cantidad de agua, el pozo del que se alimenta empieza a manar agua más que suficiente para lavarnos las manos, salpicarnos la cara, refrescar el cuello y los brazos sudorosos y enjuagarnos los pies sucios. El agua que invertimos no regresa en la misma medida en que la dimos, sino en cantidades más abundantes de las que siquiera tenemos la capacidad de recibir.

Así es la vida en el Reino de Dios. Su naturaleza no sólo es de una generosidad abundante y desenfrenada, sino que a menudo responde a la esencia específica de nuestra generosidad. «No juzguen, y no serán juzgados; no condenen, y no serán condenados; perdonen, y serán perdonados» (Lucas 6:37, NBLA). No es que demos para recibir. Después de todo, el extravagante don de Su gracia es razón más que suficiente para nuestra gratitud y sacrificio eternos. Pero cuando damos gracia a los demás, experimentamos la gracia de Dios en mayor abundancia. Cuando damos bondad, misericordia y amor incondicional, Su propio amor excede nuestra inversión y rejuvenece nuestra alma.

Cuando perdonamos a los demás las cosas que han dicho o hecho, somos capaces de disfrutar plenamente de Su perdón, cubriendo pecados que alguna vez dudamos que pudieran ser tratados, y mucho menos lavados.

> Nuestro Dios no nos da porciones escasas ni miserables.

Nuestro Dios no nos da porciones escasas y miserables, sino en abundancia y generosidad.

Él nos devuelve mucho más de lo que merecería nuestra escasa inversión, pero lo hace para que quede suficiente para enfrentar los desafíos futuros.

Así que da. Incluso en tus momentos de escasez. *Especialmente en esos momentos.* Da, incluso cuando lo que estás dando es más de lo que sientes que puedes permitirte. Recuerda, tu Dios tiene la intención de devolvértelo todo, «apretado, remecido y rebosante».

*Hijos, no amemos de palabra ni de lengua,*
*sino de hecho y en verdad.*
1 JUAN 3:18 NBLA

# - Dios me habla -

¿Cuál es un área de tu vida en la que sientes carencia y deficiencia en este momento (tiempo, finanzas, paciencia, amor, esperanza)? ¿Cómo puedes ayudar a otra persona en esa misma área hoy? Haz un plan y observa lo que ocurre cuando lo pones en práctica.

_____

_____

_____

_____

_____

_____

_____

_____

_____

_____

_____

_____

*El alma generosa será prosperada.*
*Y el que riega será también regado.*
PROVERBIOS 11:25 NBLA

*Y poderoso es Dios para hacer que abunde en vosotros*
*toda gracia, a fin de que, teniendo siempre en todas las cosas*
*todo lo suficiente, abundéis para toda buena obra.*
2 Corintios 9:8

# No más círculos

✦

*Antes sed benignos unos con otros, misericordiosos,
perdonándoos unos a otros, como Dios también
os perdonó a vosotros en Cristo.*
EFESIOS 4:32

E l poni había formado parte de un número de circo, condenado a caminar en círculos, día tras día, año tras año, haciendo todo lo que sus adiestradores le pedían. Pero tras ser retirado del espectáculo itinerante, su nuevo hogar fue un prado exuberante y espacioso en el campo, lleno de oportunidades para explorar y descubrir. Sin embargo, incluso en este nuevo lugar de libertad, no podía escapar de su antiguo patrón de vida. Seguía caminando en círculos, dando vueltas y más vueltas, día tras día, al parecer sin conocer otra forma de vivir.

Estos círculos representan la carga de la falta de perdón: cómo nos define, nos restringe, nos controla, hasta que con el tiempo se convierte en nuestro legado, nuestro patrón de vida, lo primero que los demás notan de nosotras. A pesar de estar rodeadas por todos lados por los nuevos espacios que nos brinda cada temporada de la vida, la falta de perdón nos obliga a quedarnos estancadas, con una visión unidimensional, atrapadas en rodajas finas, incapaces de experimentar las alegrías y las libertades que existen más allá de la superficie de nuestro dolor profundamente guardado. La falta de perdón nos mantiene relegados a los límites creados por las decepciones del pasado: un círculo de vida mundana y sin alegría, que está muy por debajo de la vida abundante para la que hemos sido creadas.

Siempre esos círculos. Nada más que círculos. Por favor, Dios, no más círculos. Sé que perdonar es difícil. A veces dolorosamente difícil. Tal vez, sin embargo, has visto la inutilidad de la misma, la naturaleza regresiva de la misma, y has *tratado* de perdonar. Has *pensado* de verdad que estabas ahí. Sentiste que estabas yendo más allá de donde los recuerdos te habían retenido durante tanto tiempo. Pero entonces llegó de nuevo: otra traición, otra promesa rota, otro golpe a tu frágil confianza. Y como resultado, un daño más profundo. Círculos cerrados. Círculos más cerrados.

> La falta de perdón nos mantiene relegados a los límites creados por las decepciones del pasado.

Pero Dios quiere que te liberes de la esclavitud autoimpuesta. Su Palabra nos exhorta a cada una de nosotras a romper el registro continuo de las malas acciones de los demás, tal como Él hizo con nosotras cuando «anuló el acta con los cargos que había contra nosotros y la eliminó clavándola en la cruz» (Col. 2:14, NTV). Ahora te invita a descargar toda la responsabilidad que puedas sentir por hacer valer la justicia sobre otros, dejando «lugar a la ira de Dios» (Rom. 12:19), dejando el trabajo a Aquel que puede ocuparse de él más sabiamente.

El perdón es ciertamente un milagro, una obra sobrenatural del Espíritu de Dios dentro de ti, que te permite extender algo a la gente en tu vida que nunca podrías hacer de otra manera. Pero cuando, con Su ayuda, elijas perdonar, Él te sacará de tus viejos surcos de espacio para caminar, liberándote para respirar el aire fresco de Su bondad. Él cambiará la geometría de tu vida de círculos interminables a la mejor forma que tu corazón haya tenido jamás.

*Perdónanos nuestras deudas, como también
nosotros hemos perdonamos a nuestros deudores.*
MATEO 6:123

# - Dios me habla -

Aunque la falta de perdón te haga sentir segura y parezca necesaria para proteger tu corazón, es importante reflexionar sobre lo que has sacrificado a cambio. ¿Qué cosas valiosas has sacrificado a cambio? ¿Qué es lo que te esta impidiendo experimentar? y ¿Cómo esta falta de perdón afecta quién eres?

_____

_____

_____

_____

_____

_____

_____

_____

_____

_____

_____

*De modo que si alguno está en Cristo, nueva criatura es;*
*las cosas viejas pasaron; he aquí todas son hechas nuevas.*
2 Corintios 5:17

*Yo, yo soy el que borro tus rebeliones
por amor de mí mismo, y no me acordaré de tus pecados.*
Isaías 43:25

# Acabar bien

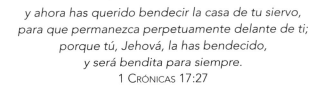

*y ahora has querido bendecir la casa de tu siervo,
para que permanezca perpetuamente delante de ti;
porque tú, Jehová, la has bendecido,
y será bendita para siempre.*
1 CRÓNICAS 17:27

¿Hubiera sido alguien más indicado que David para supervisar la construcción del primer templo permanente de Israel? ¿Imagina la decepción, incluso la confusión que debió de sentir al intentar asimilar la noticia que le había dado el profeta Natán de que otra persona disfrutaría de este honor en su lugar?

David se enfrentaba a una disyuntiva: insistir egoístamente en cumplir sus propias ambiciones, o hacerse a un lado y pasar voluntariamente el testigo a aquel a quien Dios había designado para completar la tarea. Eligió sabiamente. En lugar de sucumbir a la arrogancia o a la ambición egoísta, despejó el camino para el siguiente en la línea. No luchó por mantener su posición ni usurpó la tarea que Dios había delegado en otro. Confió. Se sometió. Terminó bien... *al no terminar.*

Me pregunto cuántas misiones, mandatos y ministerios divinos son detenidos por cristianos egoístas que se niegan a ceder el control de la tarea a quienes siguen sus pasos. Me pregunto cuántas actividades meritorias han perdido su relevancia y vitalidad espiritual porque alguien se aferró con avidez a su propiedad personal, en lugar de apartarse alegremente, fomentando su crecimiento y madurez en una nueva generación.

Uno de los matices más difíciles de la vida cristiana victoriosa es permanecer sensible al tiempo del Espíritu, saber cuándo susurra: «Basta ya, hija mía». Sólo el corazón verdaderamente humilde obedecerá cuando llegue el momento de dejar que otros lleven las riendas de la responsabilidad hacia adelante mientras su propia asignación cambia a otro papel. Pero al igual que un relevo olímpico depende de cada intercambio exitoso del bastón de mando, las iglesias, los ministerios, las familias y las visiones dependen de líderes fieles que cedan el poder cuando le toque a otro llevar la antorcha. «Acabar bien» puede significar a veces no ver el final completo de lo que empezaste, sino más bien alejarte para que otros puedan compartir la victoria de una carrera bien hecha.

El hecho es que el glorioso edificio que surgió de la ciudad de David sigue siendo recordado, todos estos siglos después, como el «Templo de Salomón». Antes de su desmoralizadora destrucción a manos de los invasores paganos siglos más tarde, su opulencia era conocida en todas partes como un recuerdo de la estima de su constructor. *El Templo*. Y sin embargo, el éxito de Salomón fue en gran parte debido a la liberación desinteresada de David, y también a algo más hermoso y asombroso en su generosidad. Según 1 Crónicas 22, David empleó el resto de su vida en reunir los materiales, delegar la mano de obra y financiar los gastos, y validó con entusiasmo a su hijo ante toda la nación. Pavimentó el camino para el éxito de su sustituto.

> Confió.
> Se sometió.
> Terminó bien...
> al no terminar.

No todo te corresponde a ti. Muchas tareas de gran importancia real pueden no estar totalmente sincronizadas con tu propia vida o con tu generación en particular. Sin embargo, elige con gratitud ser parte de lo que Dios está haciendo, invirtiéndote plenamente en Su gran obra.

Sí, la obra es Suya. Y puesto que lo es, devuélveselo a Él siempre que te lo pida, confiando en que Su alcance irá más allá de lo que puedas imaginar.

*...corramos con paciencia la carrera que tenemos por delante, puestos los ojos en Jesús, el autor y consumador de la fe.*
HEBREOS 12:1–2

# -Dios me habla -

¿Hay algún proyecto o ambición a la que te aferras por miedo a ser sustituida o a que te desconozcan? Si es así, ¿de qué se trata? Confíalo al Señor y pídele que te dé el valor para soltarlo.

_____

_____

_____

_____

_____

_____

_____

_____

_____

_____

_____

*Y el que planta y el que riega son una misma cosa;*
*aunque cada uno recibirá su recompensa conforme a su labor.*
1 Corintios 3:8

_He peleado la buena batalla,_
_he acabado la carrera, he guardado la fe._
2 TIMOTEO 4:7

# La diferencia

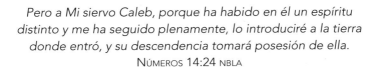

*Pero a Mi siervo Caleb, porque ha habido en él un espíritu distinto y me ha seguido plenamente, lo introduciré a la tierra donde entró, y su descendencia tomará posesión de ella.*
NÚMEROS 14:24 NBLA

E l Señor había liberado al antiguo Israel de cuatro siglos de esclavitud en Egipto, abriéndole lo que en antaño había sido una oportunidad impensable de heredar «una tierra que fluye leche y miel» (Éxodo 3:8). Pero en un momento clave de su peregrinación a Canaán, la mayoría de la población de Israel se asustó ante el audaz desafío de reclamar la promesa de Dios. Eligieron la ruta más segura, la más fácil de explicar, la más razonable y protectora, en lugar de la ruta garantizada y sin prisioneros que llevaba a la conquista de un territorio totalmente nuevo para ellos y sus hijos.

Por eso sólo dos de los dos millones de viajeros originales, Josué y Caleb, acabaron caminando como victoriosos propietarios por el suelo de Canaán.

Individualmente, estos hombres eran *uno entre un millón.*

Y lo que los distinguía, dice la Escritura (de Caleb, pero seguramente también de Josué), es que poseían «un espíritu diferente». No necesitaban encajar. No necesitaban caer bien. No basaban sus conclusiones en el informe de la mayoría. No dependían de la aprobación de sus amigos para determinar qué camino elegirían recorrer. Simplemente emprendieron el camino de tierra hacia la Tierra Prometida y nunca miraron atrás. Creían que el mismo Dios que podía poner de rodillas al poderoso Faraón podía hacer lo mismo con cualquier otro enemigo que se interpusiera en su camino para que Sus planes se cumplieran para Su pueblo. Como resultado, estos dos, y sólo estos dos, que habían comenzado sus vidas como esclavos en Egipto pudieron completarlas como hombres libres en el país de Dios.

Porque... *eran diferentes.*

La vida abundante exige una vida diferente, diferente incluso de la de otros creyentes que pueden estar satisfechos con su libertad, adormecidos en su vagabundeo por el desierto. Para experimentar todo lo que Dios quiere, se requiere una diferencia. Una en la que tus procesos de pensamiento, autodisciplina y decisiones más apremiantes trazan un camino estrecho que no suele ser recorrido.

Un camino por el que casi siempre caminarás sola.

Extranjera. Extraña. Diferente.

¿Estás dispuesta a ser una entre un millón?

> La vida abundante exige una vida diferente.

Las condiciones de viaje no suelen ser fáciles cuando se va en dirección a una vida abundante. En los lugares donde abundan la presencia y la provisión de Dios, Su leche y miel, son donde la fe en Sus promesas tiene prioridad sobre la aceptación y afirmación del hombre. Pídele al Padre, el Libertador, que te dé por Su Espíritu el tipo de valor que te haga estar dispuesta a sobresalir de la multitud cuando te lo pida.

La diferencia valdrá la pena.

*Porque estrecha es la puerta, y angosto el camino que lleva a la vida, y pocos son los que la hallan.*
MATEO 7:14

# - Dios me habla -

¿Cómo te sientes impulsada en este momento a ser diferente?
¿Cómo te lo está mostrando Dios claramente?

_____

_____

_____

_____

_____

_____

_____

_____

_____

_____

_____

_____

_____

*El temor del hombre pondrá lazo;*
*Mas el que confía en Jehová será exaltado.*
PROVERBIOS 29:25

_Respondiendo Pedro y los apóstoles, dijeron:_
_Es necesario obedecer a Dios antesque a los hombres._
Hechos 5:29

# Visto desde otra perspectiva

---✧---

*Y el ángel de Jehová se le apareció, y le dijo:*
*Jehová estácontigo, varón esforzado y valiente.*
JUECES 6:12

Por varias noches, mientras me preparaba para acostarme, había observado en el espejo un moratón oscuro y notorio en la parte baja de mi espalda.

¿De dónde había salido? ¿Debería preocuparme? ¿Por qué no mejoraba? ¿Y por qué, cuando por fin le pedí a mi esposo que lo mirara, me dijo desdeñosamente que no veía nada?

«¿Qué? Está justo aquí», le dije a mi esposo, señalando la fea mancha que podía ver claramente reflejada en el espejo de mi armario. Acercándose, miró mi espalda en busca de la misma mancha que yo veía. No, nada, hasta que... «Oh», dijo por fin, al parecer localizándola, pero sin la misma sensación de preocupación en su voz que yo esperaba oír. En lugar de eso, se echó a reír mientras me cogía los brazos con sus dos manos musculosas y me movía unos quince centímetros hacia la derecha. «¿Ya te has ido?», preguntó.

Volví a mirarme en el espejo. Asombrada de que mi esposo hubiera realizado un milagro moderno. Tenía razón. Había desaparecido. La mancha oscura que había confundido en una zona problemática de mi cuerpo no era más que una sombra en la habitación. Un simple cambio de perspectiva lo había cambiado todo.

La sombra del Antiguo Testamento que se había proyectado durante mucho tiempo sobre la vida de Gedeón le había hecho verse a sí mismo como tímido, temeroso, dudoso, incapaz. Como otros de sus compatriotas, toda su existencia se había visto empañada por la silueta de sus temidos enemigos (los madianitas), lo que le había convertido en un hombre derrotado, intimidado a esconderse, que no quería llamar la atención. Pero cuando el ángel del Señor apareció un día, mientras Gedeón estaba trillando trigo en un viñedo a la sombra para no ser visto, las sorprendentes palabras de un ángel lo sacaron de las sombras y lo llevaron a la luz esclarecedora de la perspectiva del Señor.

«El Señor está contigo, valiente guerrero».

Era «valiente». Y era un «guerrero». A pesar de las sombras, Dios lo consideraba capaz de valientes hazañas y envió al Cristo preencarnado para que se lo dijera. Así comenzó una serie de cambios que transformaron a Gedeón de un cobarde inseguro en un gallardo capitán de los combatientes de Israel. Al revelarle un potencial interior que, ni Gedeón ni nadie había notado, el ángel se movió en posición para que Dios sacara a relucir un coraje que Él podría usar para inspirar a una nación a la victoria.

> **Un simple cambio de perspectiva lo cambió todo.**

Mírate a ti misma y a la realidad de tus circunstancias actuales. ¿La sombra de tu situación ha ensombrecido tu visión de ti misma? ¿Dudas de lo que la Palabra de Dios dice de ti, basándose en lo que ves cuando te miras en el espejo, que eres amada, perdonada, conocida, y provista?

El Espíritu de Dios te está sacando de esas sombras hoy, limpiando las manchas que has malinterpretado como accesorios permanentes en tu alma. Aquel que te redimió con Su propia sangre redefine tu identidad a la luz de Su misericordia, promesa y poder.

*Mas vosotros sois linaje escogido, real sacerdocio, nación santa, pueblo adquirido por Dios, para que anunciéis las virtudes de aquel que os llamó de las tinieblas a su luz admirable.*
1 Pedro 2:9

# - Dios me habla -

Registra algunas de las diferencias entre cómo te definen las Escrituras y cómo te defines a ti misma.

_____

_____

_____

_____

_____

_____

_____

_____

_____

_____

_____

*Miren con cuánto amor nos ama nuestro Padre*
*que nos llama sus hijos, ¡y eso es lo que somos!*
1 JUAN 3:1 NTV

*¿Qué, pues, diremos a esto?*
*Si Dios es por nosotros, ¿quién contra nosotros?*
Romanos 8:31

# Lepra funcional

*Naamán, general del ejército del rey de Siria, era varón grande delante de su señor, y lo tenía en alta estima, porque por medio de él había dado Jehová salvación a Siria. Era este hombre valeroso en extremo, pero leproso.*
2 REYES 5:1

Los medios sociales nos han convertido en curiosas a todas. Estudiamos y juzgamos cuidadosamente la vida de los demás, descubriendo cosas sigilosamente que nunca preguntaríamos en persona. Pero lo que más hemos descubierto a través de toda nuestra observación es la presión por mantener las apariencias. Así que cuando creamos nuestras propias identidades en las redes sociales, ocultamos astutamente la realidad de nuestras luchas privadas, optando en su lugar por una versión exagerada y plástica de la verdad. Enmascaramos nuestras heridas, debilidades y deficiencias, promoviendo una caricatura que técnicamente puede parecerse a nosotras mismas bajo una iluminación cuidadosamente calculada, pero que está alerta para ocultar los defectos que hay debajo.

Pero quizá las tecnologías modernas no tengan toda la culpa de estos intentos de presentar una mejor cara. Un escrito que se remonta al capítulo cinco de 2 Reyes, por ejemplo, comienza con una larga lista de logros relativos a Naamán. Su biografía de alto nivel contiene elementos de elogio, aprecio, logro y admiración. Era un líder célebre del ejército Sirio. Se había ganado el respeto de sus subordinados y el favor de su rey. «Un gran hombre... un valiente guerrero», todas las cosas que querrías incluir en tu perfil visible. Y sin embargo, asomando por debajo de la superficie de su éxito estaba esta pequeña mención de algo que no podía permanecer oculto por más tiempo:

Naamán era... un leproso.

Como combatiente de carrera de reputación valiente y noble, lo último que quería que alguien supiera era que padecía esta terrible enfermedad, una que encontraba poca compasión por parte de los demás y, desde luego, ninguna posibilidad de curación. La lepra era el tipo de enfermedad que podía permanecer latente durante más de una década antes de revelarse de forma evidente y pública. Hasta entonces, la persona enferma podía ocultar estratégicamente la prueba de su condición eligiendo cuidadosamente su ropa y protegiéndose.

De este modo, era posible vivir como un *leproso funcional*.

Hemos llegado a dominar el arte de la lepra funcional .

Hemos llegado a dominar el arte de la lepra funcional: enfermos, manchados y doloridos por dentro, pero pulcros y bien vestidos por fuera. Tal vez la ira hierve en nuestro corazón. Tal vez en nuestro hogar apenas exista un matrimonio estancado y sin pasión. Tal vez la ansiedad carcome nuestra paz mental. Tal vez la adicción nos roba la libertad. Tal vez la falta de perdón nos entumece el alma. Tal vez una falta de integridad nos cubre de culpa. Sin embargo, ocultamos estos dolores privados del conocimiento público con selfies perfectamente compuestos. Morimos a la vista de todos. Porque seguramente, esta lepra oculta será nuestra muerte.

A menos que dejemos que la autenticidad nos cure primero.

Si nos examinamos ante el Señor y somos sinceras sobre nosotras mismas en compañía de hermanas de confianza en el cuerpo de Cristo, podemos ser restauradas de aquello de lo que nos está afectando. Hoy es el momento de abrirnos y ser vulnerables, de confiar nuestro verdadero yo a los ojos amorosos del Padre.

> *Confesaos vuestras ofensas unos a otros,*
> *y orad unos por otros, para que seáis sanados.*
> Santiago 5:16

# - Dios me habla -

Ora hoy como David: «Examíname, oh Dios, y conoce mi corazón» (Sal. 139:23). Luego, por Su Espíritu, sé lo suficientemente valiente como para enfrentarte a las cosas que Él sacará a la luz.

_El que encubre sus pecados no prosperará;_
_Mas el que los confiesa y se aparta alcanzará misericordia._
PROVERBIOS 28:13

*Así que ahora me alegra jactarme de mis debilidades,
para que el poder de Cristo pueda actuar a través de mí.*
2 Corintios 12:9

— Día 13 —

# ¿Dónde estaría Jesús?

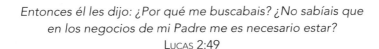

*Entonces él les dijo: ¿Por qué me buscabais? ¿No sabíais que en los negocios de mi Padre me es necesario estar?*
LUCAS 2:49

Es el único pasaje de las Escrituras que realmente nos ofrece una ventana a la vida de Jesús cuando era niño. Y sorprendentemente, es la peor pesadilla de una madre. *Su hijo había desaparecido.*

Después de Su asistencia a la fiesta de Pascua, María pensó que Jesús estaba probablemente en compañía de otros en la caravana de regreso a casa. Sin embargo, no aparecía por ninguna parte. Imagínate los pensamientos angustiantes que pasaron por su mente, convenciéndola en cada paso de que debía haber ocurrido lo peor. Imagina lo desesperada que estaba por volver a ver ese rostro, por correr a abrazar a su Hijo desaparecido, por aferrarse a lo que creía haber perdido.

Veinticuatro horas pronto se convirtieron en cuarenta y ocho, que se convirtieron en setenta y dos. Habían pasado casi cien horas, cuatro días, desde que lo había visto por última vez: un día entero lejos de Él, y tres días buscando por todas partes, arriba y abajo, hacia delante y hacia atrás, llamándolo y preguntando a la gente si lo habían visto. Y, sin embargo, seguía sin saber dónde estaba ni dónde buscarlo.

Pero, finalmente, lo vio entre un grupo de maestros religiosos en el templo, «oyéndoles y preguntándoles. Y todos los que le oían, se maravillaban de su inteligencia y de sus respuestas» (Lucas 2:46b, 47).

Estoy segura que María también estaba asombrada, sorprendida y aliviada. Ese Hijo que creía haber perdido por su negligencia volvía a estar a su alcance, un espectáculo para los ojos de una madre presa del pánico.

Allí estaba Él, comprometido en el llamado fundamental que ella (más que nadie) sabía que Él había venido a realizar. ¿No sabíais que en los negocios de mi Padre me es necesario estar?» (v. 49b). No, pero... sí. De alguna manera lo sabía. O debería haberlo sabido. ¿Por qué no había buscado allí antes?

> Él siempre está ahí, en los lugares y espacios donde eternamente ha prometido encontrarse con nosotras.

Y tal vez te preguntes lo mismo hoy, si últimamente no has sido capaz de encontrar a Jesús en medio de los continuos ritmos de tu vida, de sentir Su presencia contigo, de sentir Su voz, Su poder, Su guía, Su dirección, Su paz. No es necesario buscar en lo alto o en lo bajo, en lugares apartados, en circunstancias inusuales o en ideologías de la Nueva Era. Él siempre está ahí, en los lugares y espacios donde eternamente ha prometido encontrarse con nosotras: en la oración, en Su Palabra, en tu corazón. Cada vez que doblas tus humildes rodillas ante Él, Él está ahí. Cada vez que te empapas de Su carta de amor para ti, Él está ahí. Cada vez que tu alma danza al compás de Su Espíritu interior, ahí está Él.

Más cerca de lo que crees. Justo donde Él te dijo que estaría.

> *Entonces me invocaréis, y vendréis y oraréis a mí,*
> *y yo os oiré; y me buscaréis y me hallaréis,*
> *porque me buscaréis de todo vuestro corazón.*
> JEREMÍAS 29:12-13

# - Dios me habla -

Renueva tu compromiso con las disciplinas fundamentales de la fe: la oración, la meditación de las Escrituras y la adoración. Ahí encontrarás a Dios siempre.

*Acerquémonos, pues, confiadamente al trono de la gracia,*
*para alcanzar misericordia y hallar gracia para el oportuno socorro.*
HEBREOS 4:16

*Todo aquel que confiese que Jesús es el Hijo de Dios,*
*Dios permanece en él, y él en Dios.*
1 Juan 4:15

# Una buena razón

---

*Preséntate de nuevo al faraón—le ordenó el Señor a Moisés—*
*y dile: Esto dice el Señor, Dios de los hebreos:*
*'Deja ir a mi pueblo para que me adore'.*
ÉXODO 9:1 NTV

S oy una chica sencilla. Me gustan las cosas sencillas. Por eso me intriga la sencillez del objetivo del SEÑOR al liberar a Su pueblo de la esclavitud.

La razón de Dios para querer a Sus hijos *FUERA* de Egipto, *FUERA* de la esclavitud, *FUERA* de una cruel tarea, *NO* era principalmente para llevarlos a la Tierra Prometida. *NO* era principalmente para derramar grandes bendiciones sobre ellos. *NO* era principalmente para mostrarles Su extraordinario poder. Todas esas cosas serían suyas, por supuesto, si le seguían lejos de los largos siglos de esclavitud de sus antepasados en Egipto, si le seguían hacia Su destino como pueblo. Verían cosas increíbles, serían testigos de provisiones milagrosas, formarían parte de repetidas liberaciones que les ofrecerían continuamente la liberación de sus mayores temores y hambres.

Pero la verdadera razón de Dios, Su razón principal, para liberarlos de la mano del Faraón era mucho más simple y más reveladora de Su corazón. *Los liberó para que pudieran adorarle sin obstáculos.* Una relación sin distracciones. Atención completa. Totalmente enfocados en su Libertador...en adoración.

Al menos una docena de veces a lo largo del proceso de liberación, Él expresó este simple objetivo: «Deja ir a mi pueblo, para que me adore». Es lo que Él había estado diciendo incluso antes de que comenzara el viaje de regreso de Moisés a Egipto en Éxodo 4, y es lo que continuó diciendo a lo largo de todos esos muchos llamamientos a la liberación de Israel ante el obstinado desafío del faraón. «y os tomaré por mi pueblo y seré vuestro Dios; y vosotros sabréis que yo soy Jehová vuestro Dios, que os sacó de debajo de las tareas pesadas de Egipto» (Éxodo 6:7). «Porque no te has de inclinar a ningún otro dios, pues Jehová, cuyo nombre es Celoso, Dios celoso es» (Éxodo 34:14). Era, y sigue siendo, celoso con Su pueblo y apasionado en Su relación con él.

Desde el principio de los tiempos, Él deseó una relación con Sus hijos. Comenzó en el Edén cuando caminó con Adán y Eva, y continuó en el Nuevo Testamento cuando se revistió de humanidad para caminar entre los hombres. Continúa aún hoy, cuando nos atrae hacia Él por medio del Espíritu Santo. Y es por eso que Él quiere que seamos liberados del poder del pecado, para que gracias a Su gracia derramada sobre nosotras, podamos «alabar Su gloria», (Efesios 1:12, NBLA). Él quiere que seamos libres y libres de cargas en la adoración.

> Él era, y sigue siendo, apasionado en Su relación con Su pueblo.

Quiere que lo adoremos, una adoración que Él inspira en nuestros corazones. Es lo que Él quería de Sus hijos en aquel entonces, y sigue siendo Su deseo hoy.

Que Su enfoque siga siendo nuestro enfoque. Que nos neguemos a elevar cualquier otra intención, por virtuosa que sea, por encima de la única cosa principal para la que Él nos liberó: para adorar.

*Mas la hora viene, y ahora es, cuando los verdaderos adoradores adorarán al Padre en espíritu y en verdad; porque también el Padre tales adoradores busca que le adoren.*
JUAN 4:23

# - Dios me habla -

¿Cómo puedes alabarle hoy? Escribe una serie de alabanza hacia Él. Sé específica. Muestra gratitud.

_____

_____

_____

_____

_____

_____

_____

_____

_____

_____

_____

*No vuelva avergonzado el abatido;*
*el afligido y el menesteroso alabarán tu nombre.*
SALMO 74:21

_A fin de que nosotros, que fuimos los primeros_
_en esperar en Cristo, seamos para alabanza de Su gloria._
EFESIOS 1:12 NBLA

# Monstruo del ego

---❀---

*La soberbia del hombre le abate;*
*pero al humilde de espíritu sustenta la honra.*
PROVERBIOS 29:23

Una parte de todos nosotras anhela la aprobación de alguien. Y cuantas más personas nos lo den, mejor. Desde el supervisor que dice que estamos haciendo un excepcional trabajo este trimestre o el director del ministerio en la iglesia que nos da las gracias por servir tan bien y mostrar tanto talento. Hasta la sonrisa radiante de nuestro pequeño, que nos abraza y nos dice: «Te quiero».

Y sin embargo, bajo gran parte de este deseo genérico de aprobación se esconde el más temible de todos los monstruos. Y si no somos conscientes de su fuerza y su estrategia, puede comernos vivas.

En una habitación oscura y oculta en lo más profundo de nuestro ser, donde acecha, uno de sus tentáculos peludos es casi siempre imposible de controlar. El monstruo del ego se asoma por una pequeña grieta en la caja fuerte de nuestra alma, creando el espacio justo para que acabe emergiendo el devastador ogro. Entonces, cuando nos sentimos ofendidas porque nos pasan por alto, nos superan o nos subestiman de alguna manera, el monstruo sale a la superficie y se manifiesta en nuestro ceño fruncido y nuestra sonrisa forzada. ¿Cómo se atreve otra persona a recibir lo que merecemos nosotras? ¿Cómo nos atrevemos a no ser seleccionadas para el puesto cuando somos mucho más capaces y estamos mucho más cualificadas?

Pero, curiosamente, el éxito es a menudo el antagonista que provoca el frenesí más incontrolable del monstruo. El aplauso y la oportunidad son su alimento, su combustible. Hacen que crezca más y más voraz, más grande, más fuerte, hasta que, capa a capa, comienza a desmantelar la fachada de falsa humildad que habíamos ido creando a lo largo de nuestras vidas con la esperanza de disimularlo.

Es entonces cuando empezamos a darnos cuenta de lo que otros ya sospechaban. Es en ese momento cuando descubrimos que nuestras nobles motivaciones, a decir verdad, no eran más que excusas autocomplacientes. Es entonces cuando nos damos cuenta de que hemos sido engañadas. El ego nos ha engañado. *Te ha atrapado.* El monstruo ha cobrado otra víctima.

Sólo la humildad que proviene del Espíritu de Dios, y no nuestra necesidad de impresionar a la gente y de recibir afirmación, nos permitirá cumplir Su llamamiento, únicamente por el deseo de obedecerlo y vivir para Sus propósitos. Sólo por Su fuerza estaremos comprometidas con la disciplina que Su misión requiere, incluso si, especialmente si, viene acompañada de poco agradecimiento, recompensa o reconocimiento al final.

> La aprobación de los demás nunca es un sustituto adecuado del Padre.

El aplauso no es el gran premio que aguarda al final de los muchos esfuerzos de nuestra vida. La aprobación de los demás nunca es un sustituto adecuado del Padre. Así que lucha contra este monstruo en lugar de intentar ocultarlo. Sácalo a la luz, donde hoy no tiene más remedio que sentarse y observarnos mientras recibimos todos los elogios que nos dice que merecemos, y lo ponemos directamente a los pies de Jesús.

*No es bueno comer mucha miel*
*ni buscar honores para uno mismo.*
PROVERBIOS 25:27 NTV

# - Dios me habla -

¿Cómo has notado últimamente que te invade el orgullo? ¿Qué medidas proactivas puedes tomar para acabar con él?

_____

_____

_____

_____

_____

_____

_____

_____

_____

_____

_____

*Nada hagáis por contienda o por vanagloria;*
*antes bien con humildad, estimando cada uno*
*a los demás como superiores a él mismo.*
Filipenses 2:3

*No a nosotros, oh Jehová, no a nosotros,*
*Sino a tu nombre da gloria.*
Salmo 115:1

# Más de lo que parece

⚜

*Cosas que ojo no vio, ni oído oyó,*
*ni han entrado al corazón del hombre, son las cosas*
*que Dios ha preparado para los que lo aman.*
1 Corintios 2:9 NBLA

Nuestra visión, por impresionante y hermosa que sea o por sombría y lúgubre, no abarca toda la realidad. Todo lo que se ve, todo lo que se puede medir, documentar o cuantificar con los cinco sentidos físicos o a través de la lente de tu estado emocional actual, no es todo lo que está destinado a ser visto. Lo físico no puede abarcar la totalidad de lo espiritual. La obra de Dios está entre bastidores, más allá de todas las lecturas obvias. Si limitamos el alcance de nuestra esperanza a lo que es inmediatamente visible, obtendremos una lectura inexacta de cualquier escenario que estemos tratando de evaluar. Los creyentes deben vivir por fe, creyendo lo que aún no pueden ver.

Siempre ha sido así.

En 1 Reyes 18 NBLA, durante el reinado del malvado rey Acab y la opresión de una sequía de tres años, la mayoría de los israelitas que escudriñaban el cielo occidental pensarían que la minúscula brizna de una nube «tan pequeña como la mano de un hombre» (v. 44) no era nada para emocionarse demasiado. En realidad, ni siquiera era una nube oficial. Era más bien un *fragmento* de nube, un *bebé* de nube, con la esperanza de que algún día creciera y se convirtiera realmente en una nube. Sin embargo, para oídos como los del profeta Elías, que estaban sintonizados con la frecuencia del cielo, esta manifestación repentina de humedad en los cielos tenía «el sonido del estruendo de mucha lluvia» (v. 41). Para los ojos que buscaban algo más que respuestas normales a oraciones normales, no pasaría mucho tiempo antes de que «el cielo se oscureció con nubes y viento» (v. 45) y la asombrosa capacidad de Dios para hacer llover se pondría de manifiesto.

Así es Dios: prepara cosas insondables, incluso cuando apenas pueden percibirse los indicios más sutiles de ellas. Así es Dios: prepara aguaceros sobrenaturales detrás de las nubes más pequeñas e inofensivas. Debemos vivir a la luz de esto. Es lo que nos hace pasar de la duda y la preocupación a la estabilidad y la fe. Es lo que nos permite confiar en que el Padre es capaz de actuar en el momento perfecto, por muy lejana que parezca la posibilidad desde nuestro punto de vista actual.

> Así es Dios: prepara cosas insondables, incluso cuando apenas pueden percibirse los indicios más sutiles de ellas.

Es lo que nos ayuda a captar el hecho de que Su pronóstico está prediciendo algo diametralmente opuesto al tiempo de ahora.

Este fue el privilegio de Elías. Y también es el nuestro.

Recuerda que incluso una pequeña nube de esperanza, cuando la Palabra de Dios está detrás de ella, apunta hacia un aguacero de promesa, potencial y posibilidad. Incluso Su silencio y aparente lentitud no son más que el silencioso preludio de una revelación atronadora de Su gloria. Así que entrena tus ojos de oración hacia los cielos. Prepárate para que actúe Su debido tiempo sabio y para el honor de Su nombre fiel. Puede que las cosas no parezcan demasiado impresionantes y tranquilizadoras en este momento, pero el modo de actuar de Dios podría cambiar las condiciones climáticas de tu vida antes de que te des cuenta.

*La esperanza no avergüenza;*
*porque el amor de Dios ha sido derramado en*
*nuestros corazones por el Espíritu Santo que nos fue dado.*
ROMANOS 5:5

# - Dios me habla -

¿Qué puedes hacer hoy para cambiar tu perspectiva, pasando de la duda a la fe, de la ansiedad a la esperanza?

_____

_____

_____

_____

_____

_____

_____

_____

_____

_____

_____

_____

*Es, pues, la fe la certeza de lo que se espera,*
*la convicción de lo que no se ve.*
HEBREOS 11:1

*Bueno es esperar calladamente la salvación del Señor.*
LAMENTACIONES 3:26 NVI

# Nínive. Ahora.

———————— ✤ ————————

*Vino palabra de Jehová a Jonás hijo de Amitai, diciendo:*
*Levántate y ve a Nínive, aquella gran ciudad, y pregona contra*
*ella; porque ha subido su maldad delante de mí.*
JONÁS 1:1–2

Nínive era una ciudad terrible que gozaba de una reputación aterradora por causar miedo físico y psicológico a sus enemigos. Principalmente a los israelitas. Así que la orden de Dios a Jonás, «ve a Nínive, la gran ciudad, y clama contra ella», era simplemente inimaginable. Aunque tal vez se haya suavizado para nuestros oídos por su inclusión habitual en los libros de cuentos bíblicos para niños, esta orden divina a un israelita que había experimentado los terrores de los ninivitas era totalmente chocante. «¿Ir a Nínive?» No, Señor. A cualquier parte menos a Nínive.

¿Cuál es tu Nínive? ¿Cuál es el lugar al que nunca quieres ir? ¿A los encarcelados? ¿A los ateos de Internet? ¿O a cierto país extranjero con un clima más frío del que estás acostumbrada debido a tu preferencia por climas tropicales?

O tal vez tu Nínive no es un *lugar* en específico. Tal vez es una *persona*, alguien a quien el Espíritu de Dios, hablando a través de Su Palabra, te está impulsando para que perdones y muestres compasión: un ex cónyuge, un padre abusivo, un amigo traidor. Se siente como un trabajo inútil, seguro de lograr nada más que ponerte en una caída emocional. La única idea de ser amable y empático con ellos te resulta insoportable. Como Jonás, se te ocurren un millón de razones para quedarte atrás o huir. Y, sin embargo, «la palabra del Señor» ha llegado, no muy diferente de cómo le llegó a Jonás. Sigue apareciendo en los sermones de los domingos y en los grupos de estudio bíblico, en las historias que escuchas en la radio cristiana y en pasajes bíblicos que has memorizado en tu corazón. Es Dios, simple y llanamente. Lo sabes más allá de toda duda razonable. Su Espíritu te está empujando en dirección a esa persona, lugar o cosa que nunca pensaste que te llamaría por tu nombre. ¿Puedes realmente decir que no? Pero, ¿puedes realmente decir que sí? ¿A Nínive?

Sí. Sí.

Esta es la única respuesta garantizada de producir una cosecha, la única respuesta que está segura de estar impregnada de la bendición de Dios y de ser una demostración de Su obra.

> Convierte tu nunca en un ahora, y observa cómo tu Nínive se abre de par en par con posibilidades eternas.

Decir que no es invitar a la angustia y la confusión caóticas que pusieron a Jonás en el vientre de un gran pez. Pero decir sí es embarcarse en una experiencia que lleva las huellas de Dios escritas por todas partes, como cuando «los de Nínive creyeron en Dios... desde el mayor hasta el más pequeño de ellos» (Jonás 3:5). ¿Quién podría haberlo visto venir?

Convierte tu *no* en un *sí*, y verás qué tipo de milagros te aguardan al otro lado. Convierte tu *nunca* en un *ahora*, y observa cómo tu Nínive se abre de par en par con posibilidades eternas.

*Jesús le respondió: «Si alguien me ama,*
*guardará Mi palabra; y Mi Padre lo amará,*
*y vendremos a él, y haremos con él morada.*
JUAN 14:23 NBLA

# - Dios me habla -

¿Dios te ha estado llamando hacia una Nínive? En lugar de enumerar tus objeciones, enumera las oportunidades.

_____

_____

_____

_____

_____

_____

_____

_____

_____

_____

_____

_____

*Así que cuiden de hacer tal como el Señor su
Dios les ha mandado; no se desvíen a la derecha ni a la izquierda.*
DEUTERONOMIO 5:32 NBLA

*«Dichosos los que oyen la palabra de Dios y la guardan».*
LUCAS 11:28 NBLA

# Hecho a medida

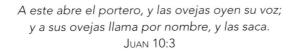

*A este abre el portero, y las ovejas oyen su voz;*
*y a sus ovejas llama por nombre, y las saca.*
JUAN 10:3

Como segunda hija con una hermana mayor, mi armario de niña se componía casi exclusivamente de ropa usada. En cuanto crecía lo suficiente como para ponerme un vestido o un par de zapatos que a mi hermana le habían quedado pequeños, esas prendas se convertían en mías, nuevas para *mí*, *como* si hubieran salido directamente del perchero en un bonito paquete.

Pero cuando llegué a cierta edad, lo «nuevo» se había desvanecido de este ritual de segunda mano. Mi sentido del estilo y mi gusto por la moda se habían desarrollado hasta el punto de que deseaba una gama de opciones más amplia que las pocas opciones preusadas que había disponibles. Seguía estando agradecida por la ropa reutilizada; seguía usándola, me gustaba y me beneficiaba de tenerla. Pero también quería algo que hubiera sido comprado y elegido especialmente para *mí*. Quería ropa que fuera *mía*, no siempre de otra persona. La ropa de segunda mano había estado bien durante un tiempo, pero ahora quería algo hecho a medida, seleccionado específicamente para mí.

Cuando Dios revela Su Palabra y voluntad a nuestros pastores, maestros, padres y otras personas con autoridad espiritual sobre nosotras, y ellos nos imparten esos mensajes, somos bendecidas y debemos estar agradecidas por su sabiduría e instrucción. Qué bueno es que Dios multiplique lo que ha dado a otros para que incluso nosotras podamos ser bendecidas por ello. Sin embargo, no debemos volvernos demasiado dependientes. El signo de madurez y crecimiento espiritual es que debemos anhelar encuentros personales con el Espíritu de Dios que nos dirija específicamente a nosotras, diseñado para darnos una dirección y una orientación personal, a medida y firmemente arraigada en las Escrituras.

En Juan 10, Jesús describe el modo en que quiere relacionarse con nosotras. Él es el Buen Pastor: lleva a Sus ovejas de prado en prado, llamándolas y cuidándolas. A todas ellas. Pero incluso hablando donde todos podemos oírle, también nos llama «por nuestro nombre». Él sabe lo que cada uno necesita; Él sabe lo que es específico para Sus ovejas individuales. Es intencional y personal, quiere que oigamos Su voz, que le sigamos y le obedezcamos personalmente.

> Incluso hablando donde todas podemos oírle, también nos llama «por nuestro nombre».

Los de segunda mano están bien. Nos instruyen y nos discipula. Pero entre los muchos derechos y privilegios que disfrutamos como seguidoras de Cristo está la bendición de escuchar Su voz. A la medida de cada niño de la familia. No importa tu personalidad, debilidad, deficiencia o antecedentes, el Buen Pastor sabe dónde estás, te ama como si fueras Suya, y sabe cómo hablar para que puedes escuchar y saber hacia dónde te está guiando personalmente.

*Sobre mi guarda estaré, y sobre la fortaleza afirmaré el pie,*
*y velaré para ver lo que se me dirá.*
HABACUC 2:1

# - Dios me habla -

Mientras leas a Palabra de Dios hoy, no te limites a leer.
Escucha. Escribe lo que escuchas. Es tuyo...de Él...

_____

_____

_____

_____

_____

_____

_____

_____

_____

_____

_____

_____

*Yo Jehová los oiré,*
*yo el Dios de Israel no los desampararé.*
Isaías 41:17

_Sois el cuerpo de Cristo, y miembros cada uno en particular._
1 Corintios 12:27

# La pelota está en su tejado

---

*Después oí la voz del Señor, que decía:*
*¿A quién enviaré, y quién irá por nosotros?*
*Entonces respondí yo: Heme aquí, envíame a mí.*
ISAÍAS 6:8

L as chicas en mi equipo de voleibol de la escuela secundaria estaban llenas de entusiasmo, luciendo sus uniformes rojos y blancos, pretendiendo a ser tan buenas como otros equipos más experimentados y bien entrenados. El balón salía por encima de la red y entraba en nuestro campo. Varios de los que estábamos más cerca de la trayectoria del balón gritábamos al unísono: «¡Lo tengo! Yo la tengo», listos para iniciar la reacción en cadena de un clásico ritmo de golpeo, juego y remate. Pero con demasiada frecuencia, cada una de nosotras que gritaba «¡La tengo!» pensaba que otra de las chicas, una de nuestras compañeras de equipo, probablemente la tenían. Así que nos hacíamos a un lado y la pelota caía al suelo sin que nadie la tocara, mientras cada una de nosotras permanecíamos allí, mirando.

*Nadie* la atrapó.

«¿Quién irá?», dijo el Señor a Isaías. Y si hoy escuchamos activamente Su voz, es lo que el Señor sigue diciéndonos en nuestras iglesias y grupos de estudio de la Biblia, o en medio de una mañana ajetreada, o entre el susurro de Su Espíritu a través de las páginas y oraciones de nuestro tiempo de silencio. Y aunque percibimos la trayectoria de Su llamada en nuestra dirección, y a veces gritamos un impresionante «¡Ya lo tengo!», *para* que otros a nuestro alrededor puedan oírlo, a menudo acabamos dando un paso atrás con la esperanza de que alguien más dé el paso. Seguramente otra persona está mejor posicionada para asumir esta tarea. Más cualificada, mejor preparada, mejor entrenada, más experta en una misión como ésta. Seguramente otra persona es el tipo de hombre o mujer que mejor se adapta a lo que Dios quiere que se haga aquí.

Nos hacemos a un lado. Y la bola de la misión divina se viene abajo.

Si el Padre te permite ver una necesidad, y Él ablanda tu corazón para que seas sensible a ella, ésta es tu oportunidad para comprometerte. Es tu invitación a responder y unirte a Su obra. No des un paso atrás. No retrocedas. Esta pelota es para ti. ¿Quién es la persona, cuál es el problema y dónde está la necesidad que tú podrías cubrir? No te limites a pensar en conseguirlo, a hablar de ello o a dar vueltas a su alrededor haciendo promesas que realmente no tienes la intención de cumplir. Al igual que Isaías (que no se sentía capacitado para tal asignación espiritual), grita «¡Heme aquí!». *Ya lo tengo.*

> Entrelaza tus manos, posiciona tus pies y ve por ella.

Y luego... *¡anda por él!*

¿Está surgiendo en tu vista inmediata una necesidad o una oportunidad de ministerio específico? ¿Te das cuenta de que la pelota está llegando a tu campo? Entonces, probablemente significa que ha llegado el momento de actuar. Entrelaza tus manos, posiciona tus pies y ve por ella.

*Y vino Jehová y se paró, y llamó como las otras veces: ¡Samuel, Samuel! Entonces Samuel dijo: Habla, porque tu siervo oye.*
1 Samuel 3:10

# - Dios me habla -

¿Cómo ha estado Dios llamando a tu corazón para que le sirvas de una manera específica? ¿Cómo puedes responder activamente a ese llamado?

_____

_____

_____

_____

_____

_____

_____

_____

_____

_____

_____

*Cada uno según el don que ha recibido, minístrelo a los otros,*
*como buenos administradores de la multiforme gracia de Dios.*
1 PEDRO 4:10

*Porque el Hijo del Hombre no vino para ser servido,
sino para servir, y para dar su vida en rescate por muchos.*
Marcos 10:45

# La bendición del dolor

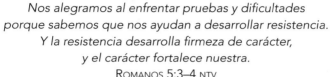

*Nos alegramos al enfrentar pruebas y dificultades*
*porque sabemos que nos ayudan a desarrollar resistencia.*
*Y la resistencia desarrolla firmeza de carácter,*
*y el carácter fortalece nuestra.*
ROMANOS 5:3–4 NTV

L a IP (insensibilidad congénita al dolor) es una enfermedad extremadamente rara que deja a quienes la padecen incapaces de sentir dolor. Al principio parece una bendición: sin dolor, sin sufrimiento y sin padecimientos. Sin embargo, la ausencia de dolor provoca inevitablemente más daños que beneficios. Sin él, una persona no es consciente de que tiene una herida que necesita atención. Ignora el peligro inminente que podría irritar o perforar su piel, o incluso amputar un miembro. La presión es demasiado fuerte, el calor demasiado abrasador, el frío demasiado helador, pero como la persona no puede sentirlo, lo ignora sin darse cuenta, corriendo el riesgo real de sufrir daños graves y continuos.

Puede que no *nos guste* el dolor. Pero lo necesitamos. Nos ayuda. Nos bendice. Nos lleva a puntos de desesperación y necesidad (y, por tanto, a momentos cruciales de oración) que nunca experimentaríamos si nos dejáramos llevar por nuestras cómodas rutinas.

Sin el doloroso vacío de un vientre estéril, por ejemplo, Ana no habría clamado a Dios desde su angustia y su «amargura de alma» (1 Sam. 1:10). Ana recibió la milagrosa respuesta a su oración que dio lugar al nacimiento de Samuel, uno de los mayores líderes de toda la historia de Israel. Sin el dolor de un corazón adolorido por la pérdida de su familia, su salud y su sustento, Job quizá nunca habría dicho al Señor:

«De oídas había oído hablar de ti, pero ahora te veo con mis propios ojos» (Job 42:5, NVI). Sin el llanto, los lamentos y la angustia experimentada por el profeta Jeremías, tal vez nunca hubiera sabido de un «bálsamo en Galaad» (Jer. 8:22).

Esteban, quien se quebrantaba como una rama bajo las piedras que le arrojaban sus acusadores, «miró fijamente al cielo y vio la gloria de Dios» (Hechos 7:55). Pablo y Silas, encadenados a las paredes de una cárcel romana, con las espaldas aún adoloridas por haber sido azotados y golpeados a causa de su fe, descubrieron cuál era la verdadera alegría de «orar y cantar himnos de alabanza a Dios» (Hechos 16:25). Sólo a través del dolor pudieron experimentar las profundidades de la verdadera adoración.

> El dolor es, irónicamente, la clave para evitar molestias aún peores.

El dolor que nuestros corazones evitan instintivamente mientras luchan por la felicidad y la comodidad es, en realidad, una misteriosa bendición. Nos obliga a evaluar con mayor precisión la sabiduría o necedad de nuestras decisiones. Nos obliga a buscar en Dios un refugio que, de otro modo, nos parecería innecesario.

Se convierte en un maestro que nos expone a lecciones que sólo los que sufren pueden entender. El dolor es, irónicamente, la clave para evitar molestias aún peores. Porque cuando lo sentimos, hacemos cambios beneficiosos y necesarios.

Así que tal vez éste sea un buen día para dar las gracias a tu amoroso Padre celestial por bendecirte con el regalo del dolor. Dios sabe dónde estaríamos sin él.

*Ciertamente, ninguna disciplina, en el momento de recibirla, parece agradable, sino más bien dolorosa; sin embargo, después produce una cosecha de justicia y paz para quienes han sidoentrenados por ella.*
HEBREOS 12:11 NVI

# - Dios me habla -

¿Qué es lo que más te aflige hoy? ¿Qué cambios deberías hacer en respuesta a ello? ¿De qué manera podrías fortalecer tu relación con Dios y crecer a través de esa aflicción?

_____

_____

_____

_____

_____

_____

_____

_____

_____

_____

_____

_____

*Cercano está Jehová a los quebrantados de corazón;*
*Y salva a los contritos de espíritu.*
SALMO 34:18

_Porque de la manera que abundan en nosotros_
_las aflicciones de Cristo, así abunda también_
_por el mismo Cristo nuestra consolación._
2 Corintios 1:5

# Disfraz divino

✤

*Pues considero que los sufrimientos de este tiempo presente*
*no son dignos de ser comparados con la gloria que nos*
*ha de ser revelada. Porque el anhelo profundo de la creación*
*es aguardar ansiosamente la revelación de los hijos de Dios.*
ROMANOS 8:18–19 NBLA

Estaba con los platos sucios hasta los codos cuando su imagen apareció en la pantalla del televisor. Una mujer esbelta, vestida con ropa deportiva elegante y ajustada, corriendo como una gacela en su ejercicio matutino. Su caballo rebotaba al ritmo de sus enérgicos pasos sobre el pavimento, mientras una lágrima de sudor corría espectacularmente por su sien hacia la cincelada línea de su mandíbula. Esbelta. Rápida. Potente. Hermosa. Me quedé embelesada.

«Hay un atleta entre nosotras», entonó la profunda voz en el anuncio comercial, mientras treinta segundos de envidia goteaban de mis dedos empapados en guantes de goma. Sí, «hay un atleta entre nosotras», dijo... «disfrazada de esposa y madre».

Ahhh. *Disfrazada.* Ella cambiaba pañales, fregaba platos y lavaba ropa. Pero nada de eso negaba el hecho de que también era algo más.

¿Cuál es tu función u ocupación? ¿Esposa? ¿Madre? ¿Ejecutiva? ¿Directora? ¿Mujer soltera? ¿Directora ministerial? ¿Amiga? ¿Viuda? ¿Abuela? Todas ellas son cosas importantes que puedes ser y hacer. Y, sin embargo, no son, en sí mismas, la suma total de *lo que eres.* Son sólo tu disfraz divino...el revestimiento del «nuevo yo que se renueva hasta el conocimiento verdadero, conforme a la imagen de Aquel que lo creó» (Col. 3:10). En el fondo, eres una seguidora de Cristo saturada de la presencia de

Dios. Formas parte de un sacerdocio real que ha sido redimido, liberado y dotado para cumplir Sus propósitos en la tierra. Tú no eres sólo una mujer que trabaja y dirige y a menudo limpia la misma cena en cuya preparación también invirtió una hora o más. Eres una participante en el plan de Dios en esta tierra.

Los roles que desempeñamos y para los cuales hemos sido llamadas son de gran importancia. Por eso los desempeñamos con toda la fe, el esfuerzo y el compromiso que el Espíritu de Dios nos inspira. Pero debemos recordar continuamente que esos roles no cuentan toda la historia sobre lo que somos, o sobre la central de vitalidad espiritual que Dios ha puesto dentro de nosotras para ser el tipo de persona que está en una misión celestial.

**En el fondo, eres una seguidora de Cristo saturada de la presencia de Dios.**

Toda la creación quiere ver a esa mujer «revelada», liberada, puesta en libertad. Las tareas ordinarias que acompañan a tus roles en esta temporada de la vida no son simplemente quehaceres que hay que soportar. Son oportunidades para que una hija disciplinada y decidida de Dios las transforme en actividades rebosantes de significado y propósito eterno.

Pregúntate qué puede revelar este día sobre ti.

*Y si vosotros sois de Cristo, ciertamente linaje de Abraham sois, y herederos según la promesa.*
GÁLATAS 3:29

# - Dios me habla -

¿Cómo cambiarían tus elecciones y actitudes si vieras tus funciones y responsabilidades no como restricciones, sino como oportunidades para que Dios se manifieste a través de ti?

_____

_____

_____

_____

_____

_____

_____

_____

_____

_____

_____

_____

_____

*Amados, ahora somos hijos de Dios,*
*y aún no se ha manifestado lo que hemos de ser.*
1 JUAN 3:2A

*Según nos escogió en él antes de la fundación del mundo,*
*para que fuésemos santos y sin mancha delante de él.*
EFESIOS 1:4

# Imperfectamente satisfecha

---⚜---

*Porque sabemos que si nuestra morada terrestre,*
*este tabernáculo, se deshiciere,*
*tenemos de Dios un edificio,*
*una casa no hecha de manos, eterna, en los cielos.*
2 CORINTOS 5:1

Una pizca de imperfección atraviesa todo y a todas los que nos cruzamos en este mundo. Incluso aquellas cosas que esperamos que nos satisfagan a la perfección como la casa de nuestros sueños, el coche de nuestros sueños, el trabajo de nuestros sueños, el marido de nuestros sueños... todos mostrarán signos de envejecimiento, desgaste y depreciación con el paso del tiempo. Sus defectos y puntos débiles acaban saliendo a la luz, revelando una necesidad siempre presente de mantenimiento, revisión y reparación.

Es más, nosotras mismos no somos diferentes. A medida que nuestro cuerpo avanza con los años, la gravedad tira en contra incluso de nuestros mejores intentos por mantener el tono y la firmeza que antaño parecían tan naturales.

Desearíamos que esta realidad no fuera así. Pero es así. Todos los placeres de los que disfrutamos se quedarán cortos en algún momento y de alguna manera. Nada puede ser nuestro *todo* porque, de algún modo, nos dejará con ganas, necesidad y sed de más. Y como nuestros deseos de una durabilidad más larga se ven repetidamente frustrados y decepcionados, a menudo nos encontramos anhelando algo mejor... algo que sea verdaderamente, interminablemente perfecto y eterno.

Esto es lo que se supone que deben hacer las imperfecciones de la vida: hacernos anhelar algo celestial. Por eso los defectos de la tierra acaban siendo algunos de los mayores regalos de Dios.

El ideal perdido del Edén, deteriorado hasta lo irreconocible por el pecado humano, significa que nada en este mundo puede ser interpretado como completo, perfecto e incorruptible.

La búsqueda de la perfección siempre estará fuera de nuestro alcance. Inalcanzable en el tiempo y en el espacio. Así que necesitaremos buscar en otra parte.

Necesitaremos mirar hacia arriba.

La frustración y la insatisfacción que sentimos deberían convertirse en nuestras guías más preciadas, despertando nuestra hambre espiritual y conduciéndonos hacia la perfección, hacia el único *Perfecto*. Deberían agarrarnos las manos y el corazón y llevarnos a tener hambre de Dios y de eternidad. Deben hacernos anhelar la estabilidad de «un edificio de Dios, una casa no hecha con manos, eterno en los cielos».

> Permite que las imperfecciones de la vida se conviertan en señales cotidianas que te lleven a Jesús.

Así que cuando veas el rasguño en la puerta de tu coche, el enganche en tu chaqueta nueva de la que aún cuelga la etiqueta, el golpe en la pantalla de tu teléfono, el problema en la escalera o el defecto de carácter de tu mejor amiga, recuerda: el fallo que te frustra, el error que te desanima, el defecto que hace que quieres algo más: cada uno sirve como antagonista divino, agitando tu corazón por otra cosa, por Alguien que nunca vacilará, *nunca*, en *ningún* momento, mucho menos en el *peor momento posible*.

Permite que las imperfecciones de la vida se conviertan en lo que siempre debieron ser: señales cotidianas que te lleven a Jesús. Úsalas como señales que te animen a levantar la vista de las molestias de la vida terrenal para verlo a Él. El Único que verdaderamente satisface.

> *Pero anhelaban una mejor, esto es, celestial;*
> *por lo cual Dios no se avergüenza de llamarse Dios de ellos;*
> *porque les ha preparado una ciudad.*
> HEBREOS 11:16

# - Dios me habla -

Enumera las cosas que te han dejado insatisfecha últimamente.
¿De qué manera estas imperfecciones te llevan a Jesús?

_____

_____

_____

_____

_____

_____

_____

_____

_____

_____

_____

*Si, pues, habéis resucitado con Cristo,*
*buscad las cosas de arriba, donde está*
*Cristo sentado a la diestra de Dios.*
COLOSENSES 3:1

_Sino haceos tesoros en el cielo, donde ni la polilla ni el orín_
_corrompen, y donde ladrones no minan ni hurtan._
MATEO 6:20

# Sólo pasajeros con boleto

---

*Jesús le dijo: Yo soy el camino, y la verdad, y la vida;*
*nadie viene al Padre, sino por mí.*
JUAN 14:6

Luego de confirmar que ese hombre estaba en mi asiento, comprobando mi tarjeta de embarque con los números del compartimento de la cabina, me di cuenta de que había visto su cara antes. Era alguien famoso (lo sabía), pero no estaba segura de quién era ni de qué lugar se suponía que lo conocía. ¿Del cine? ¿Noticias de televisión? ¿Genio de la tecnología? ¿Una estrella del fútbol retirado? Lo único que sabía con certeza, por la forma en que leía tranquilamente su periódico, era que o bien no era consciente de que estaba sentado en mi asiento o, quizás más probablemente, no le importaba.

Sin embargo, mi marido, fanático de los deportes, que estaba haciendo fila detrás de mí en el estrecho pasillo del avión, tardó sólo un segundo en reconocer a este hombre como un ex entrenador de baloncesto de la NBA, miembro del Salón de la Fama. Fue emocionante, por supuesto, estar a un brazo de distancia de alguien que había jugado con algunos de los grandes de todos los tiempos. Pero aún así... estaba en mi asiento.

Cuando Jerry abordó con cautela este tema, el caballero metió la mano en su bolsillo del pantalón, sacó un boleto arrugado y observó en silencio la discrepancia a través de sus gafas de lectura. Su expresión de sorpresa lo decía todo. Se disculpó, recogió sus pertenencias, esbozó una sonrisa avergonzada y me dio una palmadita en el hombro mientras se alejaba para buscar su alojamiento asignado correctamente.

Porque no importa quién fuera, lo que hubiera logrado o la fama que hubiera acumulado, no tenía boleto para ese asiento.

Generación tras generación, muchas han intentado asegurarse su asiento eterno en función de lo que han logrado en la vida. Algunas se han acostumbrado a tener el asiento que han querido por su éxito y prestigio, o simplemente por su historial diario de ser bien consideradas, respetadas y educadas. No pueden imaginar que han causado suficientes problemas en la vida como para costarles la entrada al cielo. Sin embargo, en ese gran y temible día en el que sonará la trompeta del Señor, los currículos y listas de logros no serán leídos, admirados y consultados para tomar decisiones sobre los asientos.

> Muchas se quedarán de brazos cruzados sin ningún lugar donde descansar sus laureles.

Nada que podamos sacar de nuestro bolsillo de bondad personal servirá como pase válido. Sólo nuestra fe genuina (o falta de fe) en el Hijo de Dios influirá en lo que ocurra después. Y muchas se quedarán de brazos cruzados sin ningún lugar donde descansar sus laureles.

Sólo la justicia de Cristo aplicada a nuestros corazones pecaminosos garantiza nuestra colocación en los lugares celestiales. Así que te pregunto, ¿aparece Su nombre en tu boleto?

Asegúrese de saber la respuesta antes de irte a dormir esta noche.

*Y en ningún otro hay salvación;*
*porque no hay otro nombre bajo el cielo,*
*dado a los hombres, en que podamos ser salvos.*
Hechos 4:12

# - Dios me habla -

¿Has dependido, aunque sea inadvertidamente, de algo o de alguien para asegurarte la entrada al cielo que no sea una relación con Jesucristo?

_____

_____

_____

_____

_____

_____

_____

_____

_____

_____

_____

*Esta justicia de Dios por medio de la fe en Jesucristo es para
todos los que creen. Porque no hay distinción.*
ROMANOS 3:22 NBLA

_Y el que tiene sed, venga; y el que quiera,_
_tome del agua de la vida gratuitamente._
Apocalipsis 22:17b

# Tesoros que merecen la pena conservar

---✿---

*Pero María guardaba todas estas cosas,*
*meditándolas en su corazón.*
Lucas 2:19

Hemos perdido el arte de *atesorar.*

En una época en la que la abundancia y la prosperidad crecen, en la que todo tipo de regalos y dispositivos pueden ser nuestros con sólo unos pocos clics de acción en línea, ya no sabemos lo que significa valorar realmente un recuerdo. Las cosas (incluso las personas) se han vuelto desechables, prescindibles, fáciles de sustituir por otro modelo si se rompen o no funcionan como queríamos. Si lo perdemos, siempre podemos conseguir otro, probablemente con envío gratuito en dos días.

Por eso no apreciamos las cosas particulares ni damos un valor significativo a los objetos preciosos, no como se hacía antes. No nos preocupamos tanto por protegerlos, cuidarlos y conservarlos, ni por su estado, ni por su mantenimiento regular. Y si bien esto puede o no ser una pérdida trágica para nuestra época, es sin duda un problema grave cuando esa misma postura se filtra en nuestra relación con Dios.

Tal vez somos fieles en la lectura de Su Palabra. Tal vez oramos atentamente para escuchar Su voz. Pero si no atesoramos los resultados de estos intercambios con Él, si no vemos nuestras interacciones personales como recuerdos irremplazables que debemos guardar, atesorar y manejar con cuidado, desperdiciaremos lo que Él nos da con bondad. Si no tenemos cuidado de tomar nota de la convicción personal que el Espíritu nos da, ya sea en el mensaje de nuestro pastor o en nuestro tiempo de silencio personal, si no dedicamos tiempo y espacio para mantener un registro de la cadena de acontecimientos en los que podamos rastrear la obra de Dios en nuestrs vidas, los momentos se desvanecen olvidados.

La vida los cubre. Un mes después, ni siquiera nos acordamos. Los detalles que un día estaban tan frescos ahora son un tesoro olvidado.

Nos hemos vuelto demasiadas despreocupadas por lo sagrado.

No sé exactamente qué hizo María, la madre de Jesús, para atesorar los acontecimientos de la vida de su Hijo. Pero la palabra original que nos llega como «guardaba» en Lucas 2:19 implica una defensa, una preservación, una protección de esos recuerdos. Estaba decidida a no quedarse simplemente atónita y asombrada por todo aquello, como hacían los demás, en general, cuando «todos los que lo oían se maravillaban de lo que se les decía» (v. 18). Por el contrario, dio un paso más, guardando y manteniendo valientemente el relato.

> ## Nos hemos vuelto demasiado despreocupadas por lo sagrado.

Estos recuerdos merecían ser guardados, preservados, recordados...

Eran dignos de ser guardados y apreciados. Al fin y al cabo, se trataba de Jesús.

Cada instancia en la que detectamos las huellas de Dios orquestando e interviniendo, cada vez que oímos el susurro profundo del Espíritu Santo resonando en nuestros corazones, deberíamos apresurarnos a preservar esos acontecimientos para que no se olviden fácilmente.

María no trató con despreocupación algo (Alguien) de tanto valor. Estas palabras y obras del Hijo de Dios eran (y son) dignas de ser atesoradas.

*Sécase la hierba, marchítase la flor;*
*mas la palabra del Dios nuestro permanece para siempre.*
ISAÍAS 40:8

# - Dios me habla -

Utiliza este devocional como tu caja de tesoros. ¿Qué te gustaría guardar en su interior?

_____

_____

_____

_____

_____

_____

_____

_____

_____

_____

_____

_____

_____

_____

_____

_____

*En quien están escondidos todos los tesoros de
la sabiduría y del conocimiento.*
COLOSENSES 2:3 NBLA

_Porque donde esté vuestro tesoro,_
_allí estará también vuestro corazón._
Mateo 6:21

# Incluso allí

*✿*

*Y aconteció que estando ellos allí,*
*se cumplieron los días de su alumbramiento.*
Lucas 2:6

César Augusto emergió de un periodo de gobierno compartido para convertirse en el primer emperador romano, donde gobernó con aclamación divina en las décadas previas al nacimiento de Jesús.

Si no lo conoces por los libros de historia, lo conoces por la historia de Navidad: «Aconteció en aquellos días que salió un edicto de César Augusto, para que se hiciera un censo de todo el mundo habitado» (Lucas 2:1, NBLA). Se ordenó a todos los ciudadanos que regresaran a su lugar de nacimiento para ser contados y gravados con impuestos, a fin de que el emperador recibiera la riqueza, el poder y el control total que deseaba para sí mismo.

Un razonamiento tan egoísta e incluso secular por su parte. Y en un momento tan terrible para ella.

María estaba embarazada a término del Mesías cuando probablemente realizó un arduo viaje a pie y a caballo de unas ochenta o noventa millas desde Nazaret hasta Belén. Fue un viaje difícil. El paso lento y ondulante era agotador para su cuerpo lleno de esperanzas, así como para su mente atribulada, mientras recorría el camino polvoriento, sabiendo que existía la posibilidad de que acabara dando a luz lejos de la seguridad y la familiaridad de su hogar.

Cuando los dolores de parto empezaron a aquejarla, se encontró no sólo en una ciudad desconocida, sino en un alojamiento más adecuado para animales que para humanos.

Y «mientras *estaban allí*», dice la Biblia, en este desagradable lugar, «se cumplieron los días para que diera a luz». Mientras estaban allí era consciente, por supuesto, de que el niño que llevaba en su vientre era el Hijo de Dios, que «reinará sobre la casa de Jacob para siempre, y su reino no tendrá fin» (Lucas 1:33). Sin embargo, tengo curiosidad por saber si recordaba, o le habían dicho alguna vez, que alguno de los profetas de las Escrituras había hablado de Belén como el lugar de nacimiento de este rey que pronto llegaría. No podemos estar seguras. Lo único que sabemos por el relato bíblico es que unas circunstancias incómodas e indeseables la habían colocado *allí*, *desubicada* y, sin embargo, perfectamente situada, todo a la vez.

No te desanimes hoy si tú también estás *ahí*: en un matrimonio sin amor, en un trabajo decepcionante, en un ministerio difícil, en una ciudad incómoda, descartada de esa amistad duradera o lo que esperabas que fuera una relación para toda la vida.

> Incluso *ahí* Dios puede hacer cosas milagrosas en ti.

Incluso *ahí* Dios puede hacer obras milagrosas en ti, y a través de ti, y todo para Su gloria. Él puede alinear este tiempo y ubicación con Sus propósitos soberanos y planeados de antemano. En retrospectiva, Dios puede dejarte asombrada cuando descubres la cuidadosa orquestación de los acontecimientos de tu vida. Lo que Él pretende realizar, lo que más lleva las huellas de Su Espíritu, no puede ser frustrado.

Descansa. Confía. Él no te ha olvidado. Ni antes, ni ahora. Ni aquí, ni *allá*.

*Todo tiene su tiempo, y todo lo que se quiere debajo del cielo tiene su hora.*
ECLESIASTÉS 3:1

# - Dios me habla -

¿Dónde está tu «ahí»? Somete ese lugar o circunstancia divina a Dios, y pídele que te muestre Sus propósitos mientras estás posicionada ahí.

_____

_____

_____

_____

_____

_____

_____

_____

_____

_____

_____

_____

*El corazón del hombre piensa su camino;*
*Mas Jehová endereza sus pasos.*
Proverbios 16:9

_En Dios alabaré su palabra; En Dios he confiado;_
_no temeré; ¿Qué puede hacerme el hombre?_
Salmo 56:4

# La vida: la versión editada

✿

*Y se sentará para afinar y limpiar la plata;*
*porque limpiará a los hijos de Leví, los afinará como a oro*
*y como a plata, y traerán a Jehová ofrenda en justicia.*
MALAQUÍAS 3:3

M is escritos suelen volver de mi editor con una nota concreta: «Es demasiado largo». *¿Demasiado largo?* Pero
todo lo que puse en el manuscrito tenía una razón, tenía
un lugar.

Y cuando llega la versión editada a mi bandeja de entrada,
me sorprende lo que han quitado. En mi opinión, las partes que
ha suprimido eran cruciales para lo que yo intentaba decir. Sin
ellas, el libro había perdido su impacto. Pero el editor, el experto,
explica: «Si es demasiado largo, perderás la atención del lector.
Disminuirá el impacto y la utilidad de tus palabras. Si lo reduces,
aumentará su valor. Créeme. Sé lo que hago».

Vacilante, me someto.

El Editor divino hace esto mismo con la versión de nuestras
vidas que cada uno de nosotras le presentamos: corta, ajusta,
trocea y modela, hasta que comunica de la manera más clara el
mensaje que Él desea extraer de ella. Y de nosotras.

El diseño que ideamos nos llevó semanas, meses y años.
Basamos su narrativa en deseos y planes que estamos seguras
de que garantizarán nuestra felicidad, con un final de cuento de
hadas incluido.

Hemos incluido detalles sobre nuestra educación, nuestra
familia, nuestros amigos, nuestras finanzas, nuestra participación
en el ministerio, nuestra reputación por todas las formas en que
vivimos nuestro servicio a Él. A Él le *encantará* esto, se sorprenderá

por su rica y completa historia y por cómo pretendemos que todo sea una forma de alabarle. Lo tiene todo. Es perfecto.

Sacando el bolígrafo rojo de Su gracia, Él tacha una serie de líneas argumentales, ambiciones y relaciones que resultarán perjudiciales para la dirección que Él sabe que debe tomar mi historia. Luego reescribe muchas tareas ajetreadas y actividades religiosas frenéticas hasta que se parecen más a la soledad, la quietud y el silencio. Mis planes para las finanzas y la familia también han sido reelaborados para incluir menos preocupación por el tipo de posesiones que tenemos, el tipo de ropa que vestimos, el tipo de imagen que enviamos a los demás. Su texto reescrito muestra que mis seres queridos pueden estar cómodos con mucho menos lujos del que había anticipado. Ahora todo parece muy diferente. La mayoría de los temas originales de cada capítulo han cambiado. Se han establecido nuevas prioridades. Incluso el título que le había dado, *Mi vida*, se ha redibujado con el subtítulo, *La Versión editada*.

> Si la recortas, aumentará su valor.

Me opongo a estos recortes, a estas eliminaciones. Pero Él es amable. Susurra: «Hija, si tu historia está demasiado llena, perderá su propósito. Si la recortas, aumentará su valor. Confía en Mí. Sé lo que hago».

Vacilante, pero de alguna manera segura de que Él tiene razón, me someto a mi Editor... de nuevo.

*Pero gran ganancia es la piedad acompañada
de contentamiento; porque nada hemos traído a este mundo,
y sin duda nada podremos sacar.*
1 Timoteo 6:6–7

# - Dios me habla -

¿Cómo respondes normalmente a las «ediciones» del Padre en tu vida? ¿Por qué?

_____

_____

_____

_____

_____

_____

_____

_____

_____

_____

_____

_____

_____

*Mejor es lo poco con el temor de Jehová,*
*Que el gran tesoro donde hay turbación.*
PROVERBIOS 15:16

La conclusión, cuando todo se ha oído, es esta:
Teme a Dios y guarda Sus mandamientos,
Porque esto concierne a toda persona.
ECLESIASTÉS 12:13 NBLA

# El pan de cada día

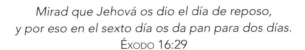

*Mirad que Jehová os dio el día de reposo,*
*y por eso en el sexto día os da pan para dos días.*
ÉXODO 16:29

Todas las mañanas, durante su largo viaje, los israelitas recién liberados recibieron alimentos que no tuvieron que cultivar ni ir a comprar al mercado. Simplemente salían de sus tiendas al amanecer, y allí estaba, esparciéndose por el suelo. *Maná.* «El pan de los ángeles», como dice la Biblia (Salmo 78:25, NBLA).

Dulce, delicioso y gratuito. Y remarca...saciante y versátil.

Pero el sexto día de cada semana, Dios añadía una doble ración de maná a la provisión de la mañana, no sólo dando a la gente lo suficiente para que ellos y sus familias pasaran el día siguiente, sino también dándoles ese séptimo día libre del trabajo de espigar. El día de reposo era el margen en su rutina semanal que debía permanecer dedicado a Él, el límite alrededor de Su bendición, un regalo de descanso para los esclavos que nunca habían experimentado el descanso en toda su vida. El SEÑOR les prometió que si honraban este margen, Él se aseguraría de que siempre tuvieran suficiente. Y lo que es más importante, siempre les recordaría que sólo Él era su fuente.

Sin embargo, cuando llegó el séptimo día, «algunos del pueblo salieron a recoger» de todos modos (Éxodo 16:27).

¿Por qué lo hicieron? De manera más personal, ¿por qué lo hacemos *nosotras*? Estamos constantemente recolectando, produciendo, gastando, comiendo, acumulando, guardando y acaparando, más allá de lo que deberíamos, más allá de lo que necesitamos, en lugar de disfrutar genuinamente y apreciar lo que

Dios ya ha hecho, en lugar de confiar en que Él es nuestro principal proveedor y nos sostendrá cuando honramos Sus límites. Al igual que el antiguo Israel, tendemos a excedernos, entrando en los márgenes de nuestro calendario, robando espacios que deberían ser reservados e intocables, sin darnos la oportunidad de reflexionar sobre Su bondad, la oportunidad de recordar que Él es nuestro gobernante, no nuestras propias fuerzas y recursos.

El día de reposo no fue diseñado para complicar la vida de los israelitas ni como un obstáculo a sortear cada semana. El día de reposo era (y es) un regalo de Dios: una pausa, un momento de detención, una decisión de tomarse un descanso del ajetreo de ir y comprar, hacer y acumular. Es la elección por el Espíritu de cesar el esfuerzo y disfrutar de nuestro Dios. Es el margen que nos recuerda que Él tiene todo el control. Es la paz que llega en medio de todo ese torbellino y ajetreo de actividad. El día de reposo es lo que moldea nuestras vidas hasta la sumisión, dándonos el respiro para recuperar la cordura.

> El día de reposo era (y es) un regalo de Dios.

No podemos permitirnos descuidar el principio de día de reposo.

Detén el ajetreo. Rompe el ciclo de adormecimiento mental. Descansa y recibe este hermoso regalo de Él. Con las manos y el corazón abiertos, recordemos y recibamos el regalo de nuestra libertad.

El regalo del margen del día de reposo.

*Sean vuestras costumbres sin avaricia,*
*contentos con lo que tenéis ahora; porque él dijo:*
*No te desampararé, ni te dejaré.*
HEBREOS 13:5

# - Dios me habla -

¿Qué aspecto tendría el «margen del día de reposo» en tu calendario? ¿En la agenda de tus hijos? ¿En tu espacio de vida? ¿En tu espacio de trabajo?

_____

_____

_____

_____

_____

_____

_____

_____

_____

_____

_____

_____

*Bendito sea Jehová, que ha dado paz a su pueblo Israel,*
*conforme a todo lo que él había dicho;*
*ninguna palabra de todas sus promesas*
*que expresó por Moisés su siervo, ha faltado.*
1 REYES 8:56

*Guarda silencio ante Jehová, y espera en él.*
SÁLMO 37:7A

# Conversación de sobremesa

—————— ⚜ ——————

*Y se fue la mujer por su camino,*
*y comió, y no estuvo más triste.*
1 SAMUEL 1:18B

Si has perdido el apetito por la vida, el amor y la alegría, si hoy estás marcada por la fatiga, la depresión y la debilidad, si sientes poco interés por las cosas que antes te interesaban más, una mujer del Antiguo Testamento puede mostrarte cómo recuperar ese apetito de nuevo.

Ana estaba desesperada. Su rival tenía hijos tan rápido como podía concebirlos. Sin embargo, Ana sufría en silencio su esterilidad. Constantemente reprendida por las provocaciones y comentarios maliciosos de la otra mujer, Ana llegó al punto de estar tan angustiada que ni siquiera tenía ganas de comer (v. 7).

Tal vez tu hayas estado allí, sintiéndote *así* de disgustada. Tal vez lo estés, agobiada por esperanzas truncadas, amores perdidos, sueños truncados, mala salud o dificultades y traumas paralizantes. Ni siquiera tus comidas favoritas podrían tentarte. Ni ahora. Pero las cosas cambiaron para Ana... dándonos la esperanza de que también pueden cambiar para todas nosotras.

La familia realizó su peregrinación anual a Silo, donde se encontraba la casa del Señor. Y allí, «muy afligida», Ana «oró al Señor y lloró amargamente» (v. 10). Su deseo de tener un hijo era tan profundo y extremo que juró entregar al Señor ese hijo aún no concebido como ofrenda de agradecimiento, dedicando su vida al servicio de Dios y de Su pueblo. Su oración fue tan intensa y apasionada, dice la Biblia, que el sacerdote Elí la confundió con una mujer borracha.

Pero finalmente, con su corazón completamente derramado ante Dios, sucedió algo extraordinario.

Dios le devolvió el apetito a Ana. A pesar de que su oración aún no había sido respondida.

A pesar de las despiadadas burlas de su rival.

A pesar de la ingenua insensibilidad de su marido hacia su estado. Nada había cambiado lo más mínimo en ninguno de sus lamentables circunstancias. Sin embargo, después de descargar sus lágrimas y frustraciones a los pies de Dios, «se fue y comió, y su rostro ya no estaba triste». Es increíble lo que se puede conseguir invocando al Señor.

> Es increíble lo que se puede conseguir invocando al Señor.

El poder de la oración puede hacer maravillas, no sólo en tu vida espiritual, sino también en tu bienestar físico y práctico. Hasta lo más profundo de ti. Él puede devolverte el apetito, ya sea por la comida, la familia, el trabajo, el ministerio o la vida misma.

*Tú me satisfaces más que un suculento banquete;*
*te alabaré con cánticos de alegría.*
SALMO 63:5 NTV

# - Dios me habla -

Entrega tu corazón al Señor. Admite las áreas en las que te falta un apetito saludable, y pídele que te devuelva el hambre.

---

---

---

---

---

---

---

---

---

---

*¿Alguno de ustedes está pasando por dificultades?*
*Que ore. ¿Alguno está feliz? Que cante alabanzas.*
SANTIAGO 5:13 NTV

_Porque cualquiera que se enaltece, será humillado;_
_y el quese humilla será enaltecido._
LUCAS 18:14B

# De fracciones y plenitud

---❦---

*Nos hemos complacido en impartirles no solo el evangelio*
*de Dios, sino también nuestras propias vidas.*
1 TESALONICENSES 2:8 NBLA

La multiplicación es una operación matemática que consiste en juntar números para hacerlos más grandes. Pensamos en la multiplicación en términos de crecimiento. Tres manzanas por cinco niños es igual a quince manzanas en total, lo que representa mayores resultados y producto en expansión. Pero cuando multiplicamos cualquier número entero por una *fracción*, se produce un resultado inverso. En realidad, la respuesta es *menor* que el número entero de la ecuación. Combinar fracciones en un problema de multiplicación le resta valor, en lugar de aportarle más.

Y a pesar de lo que dice la gente de que nunca utilizamos en la vida real lo que aprendemos en la escuela, ciertos principios matemáticos tienen aplicaciones que se convierten en experiencia cotidiana.

Lo vemos en la vida de Pablo. Su ministerio en la iglesia de Tesalónica no duró mucho, al parecer sólo unas semanas (Hechos 17:2). Sin embargo, incluso su breve estancia causó suficiente alboroto como para que sus hermanos cristianos tuvieran que sacarle a él y a Silas, su compañero de ministerio, de la ciudad al amparo de la oscuridad (v. 10) para evitar que se vieran envolucrados en la revuelta. Pero en ese breve espacio de tiempo, Pablo se entregó por completo a la tarea de expandir, aumentar y multiplicar su crecimiento. No sólo «discutía con ellos según las Escrituras» (v. 2), enseñándoles la sana doctrina de la fe, sino que hizo lo que siempre hacía en todos los lugares donde ministraba. Se zambulló en esas relaciones con ambos pies, poniéndose a su plena disposición, amándolos e invirtiendo en ellos sin ninguna reserva. No en fracciones, sino de manera total y completa, sin retener partes para más tarde.

Sin importar el costo, sin importar lo que fuera necesario. Lo tenía todo. Estaba cien por cien comprometido con la tarea, con la gente, con sus amigos. Esta inversión dio como resultado una cosecha abundante en la vida de la iglesia. «Tan grande es nuestro afecto por vosotros, que hubiéramos querido entregaros no solo el evangelio de Dios, sino también nuestras propias vidas; porque habéis llegado a sernos muy queridos.

> ## Aquí estamos para ser personas íntegras.

Porque os acordáis, hermanos, de nuestro trabajo y fatiga; cómo trabajando de noche y de día, para no ser gravosos a ninguno de vosotros, os predicamos el evangelio de Dios» (1 Tes. 2:8-9). Pasó esos pocos semanas «exhortándoles y consolándoles», como «un padre a sus hijos» (v. 11), totalmente centrado en ayudarles a «andar de una manera digna del Dios, que os llama a su reino y gloria» (v. 12).

Expansión. Multiplicación. Crecimiento.

Para la gloria de Dios. ¿Qué tipo de amiga, cónyuge, hija, empleada, o miembro del equipo eres? ¿Eres de las que ponen toda su determinación e inversión en estas relaciones? ¿O te reprimes, dedicando sólo un esfuerzo parcial, a medias, sin estar realmente disponible, vulnerable e implicada en el crecimiento de las personas que te rodean?

Aquí estamos para ser personas íntegras, el tipo de mujeres que fomentan resultados más plenos, profundos, saludables y generosos en cada relación, encuentro y esfuerzo que se nos confían. Que podamos causar una gran multiplicación, expandiendo la alegría, la paz y el poder de nuestro Dios, dondequiera que vayamos.

*Puesto que en obediencia a la verdad ustedes han purificado sus almas para un amor sincero de hermanos, ámense unos a otros entrañablemente, de corazón puro.*
1 PEDRO 1:22 NBLA

# - Dios me habla -

¿Cuáles son las relaciones y las iniciativas en las que el Señor te pide que inviertas plenamente?

_____

_____

_____

_____

_____

_____

_____

_____

_____

_____

_____

_____

*Hay quienes reparten, y les es añadido más;*
*Y hay quienes retienen más de lo que es justo,*
*pero vienen a pobreza.*
PROVERBIOS 11:24

*Y aun yo mismo me gastaré del todo por amor de vuestras almas.*
2 Corintios 12:15b

# Mente unidireccional

━━━━━━ ❦ ━━━━━━

*Yo te he glorificado en la tierra;
he acabado la obra que me diste que hiciese.*
JUAN 17:4

Las presiones que experimentó Jesús durante Su vida humana fueron insondables. Sólo conocemos por las Escrituras una pequeña parte de las exigencias que le impusieron aquellos que querían que demostrara Su poder de forma más prolífica, más personal, o que buscaban algún ángulo para explotar lo que podía hacer. Cada día, cada noche, venía con constantes goteos de presión, a menudo brotando de múltiples lugares a la vez, tratando de presionarle para que se amoldara a cualquier molde que cumpliera con la línea de tiempo, el propósito o la agenda de otra persona.

Jesús eligió no complacer la mayoría de estos desafíos y peticiones autoimpuestas, no porque no fuera compasivo o porque no fuera consciente de la necesidad genuina que lo rodeaba, sino porque estaba aquí en misión. Llegó con un trabajo específico que hacer, una misión que se establecía y se llevaba a cabo con cada nueva decisión que tomaba en cada nueva hora que se le había asignado. Así que en lugar de dejarse llevar por los caprichos y las peticiones de las masas, en lugar de permitir que otros dirigieran Su progreso y Sus prioridades, el Hijo preguntó diligentemente al Padre qué implicaba para Él *Su misión* en ese momento, y luego se ciñó a ese plan e hizo sólo las cosas que el Padre le mostraba.

Sí, incluso Jesús, que (a diferencia de nosotras) podía *hacerlo todo*, no lo hizo todo. Sólo hizo las cosas que le fueron asignadas. Las cosas divinamente delegadas que eran Suyas para completar.

Por eso, incluso después de un período tan breve y concentrado de ministerio personal, Él podía legítimamente hacer una declaración de hecho que muchas veces desearíamos poder hacer nosotras mismas. «Yo te glorifiqué en la tierra», dijo a Su Padre, «habiendo cumplido la obra que me encomendaste».

Cuántas veces, en medio de tu abrumadora y desbordante perplejidad, has imaginado marcar la última casilla de tu larga lista de tareas pendientes, recostándote cómodamente en la cama, mirando más allá del ventilador de techo bien empolvado girando por encima de ti, y susurrando contenta, «Está terminado. Todo lo que querías que se hiciera hoy, Señor, lo hice».

> **Jesús, que (a diferencia de nosotras) podía hacerlo todo, pero no lo hizo todo.**

Jesús, llevando una carga de misión más gigantesca y abnegada que podamos comprender... lo hizo. Todo lo que el Padre quería de Él. Y nada más. Él «cumplió la obra» que se le había encomendado, porque evitó ser víctima de la tiranía de lo urgente.

No seremos impecables en la ejecución. Nunca seremos tan disciplinadas como Jesús, capaces de ignorar todo lo que pueda distraernos de nuestro objetivo. Pero hay decisiones que podemos tomar por Su Espíritu. Hay peticiones a las que podemos decir que no. Hay expectativas que podemos manejar. Y hay tareas específicas que podemos maximizar permaneciendo en la tarea y en el propósito, no importa cuán duro la vida nos lleve en la dirección opuesta.

*Tus ojos miren lo recto,*
*Y diríjanse tus párpados hacia lo que tienes delante.*
PROVERBIOS 4:25

# - Dios me habla -

¿Qué crees que te pide hoy el Padre? ¿Cómo puedes racionalizar tus compromisos para honrar la misión que Dios te ha asignado?

_____

_____

_____

_____

_____

_____

_____

_____

_____

_____

_____

_____

*...olvidando ciertamente lo que queda atrás,*
*y extendiéndome a lo que está delante, prosigo a la meta,*
*al premio del supremo llamamiento de Dios en Cristo Jesús.*
FILIPENSES 3:13–14

_Y sabemos que el Hijo de Dios ha venido y nos ha dado
entendimiento a fin de que conozcamos a
Aquel que es verdadero._
1 JUAN 5:20A NBLA

—Día 31—

# Ve y busca

❧

*Él les dijo: ¿Cuántos panes tenéis? Id y vedlo.*
*Y al saberlo, dijeron: Cinco, y dos peces.*
MARCOS 6:38

«¿Qué pasa?» le pregunté a mi hijo menor, aunque ya sabía la respuesta. Acaricié suavemente su mejilla con el dorso de mi mano y levantando su barbilla para que pudiera mirarme a los ojos.

«Estoy aburrido», respondió con tristeza. «No tengo nada con qué jugar».

«¿En serio?» Dije. «¿Absolutamente nada?» Incliné la cabeza hacia un lado, mirándolo con expresión interrogante. «¿Seguro que no encuentras *nada*? ¿Por qué no intentas buscar?»... porque muchas veces, he sentido ese mismo sentimiento de que no hay nada que hacer, y en esas ocasiones, he oído la voz de Dios resonando como desde una orilla lejana en Galilea, diciéndome las mismas palabras que se negaron a dejar a los discípulos escapar tan fácilmente: «¿Qué tienes a tu alcance? Ve y busca».

Los Doce contemplaron la inmensa multitud hambrienta y decidieron que el problema que se les había presentado era demasiado grande para que pudieran resolverlo. Estaban en un terreno desolado a las afueras de la ciudad. No había comerciantes ni vendedores en la zona que ofrecieran comida a la gente. En opinión de los discípulos, aquí no había nada con lo que trabajar. Ni siquiera para jugar.

Pero entonces, Jesús les dijo: «Ve y busca».

Lo que encontraron no era más que el almuerzo para un niño. No, tal vez no era mucho. Pero era todo lo que necesitaban. Esta modesta comida sería suficiente para saciar a la multitud que estaba dispersa a su alrededor, una vez que Jesús pusiera Sus manos en ella, una vez que Él comenzara a partir el pan en porciones tan abundantes que arrojaban los restos sin comer a la cesta de cada discípulo. Una vez que Jesús se involucró, la gente no pudo aguantar ni un bocado más. Lo único que tenían que hacer Sus discípulos era dejar de señalar lo que no tenían y descubrir lo que sí tenían.

Así que te pregunto, lo mismo que le pregunté a mi hijo, lo mismo que el Espíritu de Dios me ha preguntado a menudo: «¿Realmente te has tomado tiempo para ir y buscar?». ¿O simplemente estás quejándote de lo que crees que falta? Si estás segura de que te has quedado sin opciones, si estás segura de que los suministros que tienes en tu mano no son nada comparados con los recursos que Él ha puesto a disposición de otra persona, lo más probable es que no hayas echado un segundo vistazo a lo que ya tienes a tu disposición. Pídele al Señor que abra tus ojos espirituales para ver cómo mucha materia prima te ha proporcionado para utilizar en el cumplimiento de Sus propósitos para este momento. No descartes las cosas pequeñas. Pueden convertirse en bendiciones si vuelves atrás y las miras a través de la lente de la posibilidad divina.

Ahora ve y busca.

> No descartes las pequeñas cosas. Pueden convertirse en bendiciones.

> En todo y por todo he aprendido el secreto
> tanto de estar saciado como de tener hambre,
> de tener abundancia como de sufrir necesidad.
> FILIPENSES 4:12 NBLA

# - Dios me habla -

*Examina de nuevo las áreas de tu vida en las que tiendes a sentirte más insatisfecha y descontenta. Haz una lista de lo que el Señor te ha dado, expresa tu gratitud y pídele que cambie tu perspectiva.*

_____

_____

_____

_____

_____

_____

_____

_____

_____

_____

_____

*Los leoncillos pasan necesidad y tienen hambre,*
*Pero los que buscan al Señor no carecerán de bien alguno.*
SALMO 34:10 NBLA

*…y qué pide Jehová de ti: solamente hacer justicia,
y amar misericordia, y humillarte ante tu Dios.*
MIQUEAS 6:8

# Vigila tu barco

───────── ⚜ ─────────

*Y tomaron a Jonás, y lo echaron al mar;*
*y el mar se aquietó de su furor.*
JONÁS 1:15

L a mayoría de nosotras tenemos versículos bíblicos favoritos: aquellos que nos consuelan en tiempos difíciles, los que hablan de promesas celestiales sobre el futuro. Nos aferramos a ellos (¡como debe ser!) mientras navegamos por las aguas turbulentas de la vida cotidiana.

Pero la Biblia es un libro de gran alcance. Abarca todos los aspectos de la vida. Y aunque el amor, la misericordia, la bondad y la gracia de Dios son fieles a Su naturaleza y describen con exactitud Su corazón, también Sus llamados al arrepentimiento y a hacer ajustes en nuestro estilo de vida son igualmente verdaderos. El pecado no es bueno para nosotras, y nuestro Dios lo sabe; por eso también ha incluido algunos de nuestros versículos no tan favoritos... acerca de Su justicia, Su disciplina, Su ira, Su presencia imponente y temible. Cuando una de Sus hijas elige la desobediencia voluntaria, permaneciendo en su falta de arrepentimiento, Él desea que regresen a Él lo suficiente como para mostrar estas aristas más duras de Su carácter como una forma de atraerlas de vuelta a la cordura, de vuelta a la comunión.

A menudo, sin embargo, debido a la interconexión de las relaciones humanas, las personas más cercanas a aquellos que están sujetos a la disciplina de Dios también pueden sentir los efectos de esta acción divina. Estar cerca de personas que sabes que huyen de Dios y que son objeto de Sus medidas correctivas puede ponerte inadvertidamente en la línea de fuego.

El escenario se desarrollaba a bordo de un barco del Antiguo Testamento con destino a Tarsis. Jonás estaba huyendo de Dios, *bajando* a Jope, *bajando* a la bodega del barco, cayendo en un profundo sueño, y pronto *bajando* al vientre de un gran pez. Una violenta tormenta sacudió aquel barco mientras Dios trataba de llamar la atención de Su profeta fugitivo. Pero un montón de marineros desprevenidos acabaron también afectados por las consecuencias. La sencilla misión marinera que habían planeado emprender se convirtió en un viaje mortal que les costó su cargamento y les hizo dudar durante mucho tiempo de que volverían a ver tierra firme.

Por eso debes vigilar tu barco, marinera. Ten mucho cuidado al elegir a las personas con las que piensas recorrer largas distancias. Ya sea un compañero de negocios, una relación romántica o cualquier y otro tipo de afiliación vinculante que seguro que entrelazará tu tiempo y recursos personales, haz todo lo posible por averiguar mediante la oración, la conversación y el consejo sabio si te estás subiendo o no al barco con alguien que podría ser un objetivo del maremoto.

> Estar cerca de personas que sabes que huyen de Dios y que son objeto de Sus medidas correctivas puede ponerte inadvertidamente en la línea de fuego.

A veces, por supuesto, no puedes saberlo, o ya estás unida a la persona (como en el matrimonio, por ejemplo), y simplemente debes enfrentar los desafíos como los marineros en la historia de Jonás y buscar solucionar los problemas a través de los medios bíblicos que el Señor te muestre. Pero antes de entrar en otra relación laboral, contrato vinculante o amistad seria que parezca dirigirse en una dirección positiva, asegúrate de que esa persona tenga un corazón tierno hacia Dios y esté sometida a Su camino, con un sincero deseo de honrarlo y seguir Su voluntad. Porque si se avecina una tormenta de disciplina en la vida de alguien más, no querrás estar en medio de ella.

*El que anda con sabios, sabio será;*
*Mas el que se junta con necios será quebrantado.*
PROVERBIOS 13:20

# - Dios me habla -

¿Cómo has vivido esta realidad? ¿Qué puedes hacer ahora para no volver a vivirla?

_____

_____

_____

_____

_____

_____

_____

_____

_____

_____

_____

*No os unáis en yugo desigual con los incrédulos;*
*porque ¿qué compañerismo tiene la justicia con la injusticia?*
*¿Y qué comunión la luz con las tinieblas?*
2 CORINTIOS 6:14

Por tanto, si tu hermano peca contra ti, ve y repréndele estando
tú y él solos; si te oyere, has ganado a tu hermano.
MATEO 18:15

# El perdón en acción

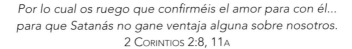

*Por lo cual os ruego que confirméis el amor para con él...*
*para que Satanás no gane ventaja alguna sobre nosotros.*
2 CORINTIOS 2:8, 11A

L a falta de perdón suele parecer una forma relativamente inofensiva de enfrentarse a circunstancias o personas desagradables. Es como un caparazón artificial de protección que nos hace suponer que estamos protegidas de más daños. Desde nuestro punto de vista de autoprotección, parece ser la postura más ventajosa. Pero Pablo aclara los orígenes demoníacos y las consecuencias perjudiciales de la falta de perdón.

La falta de perdón, escribe, es una de las formas en que un cristiano es «engañado por Satanás» (2 Cor. 2:11, NBLA). Es uno de las «artimañas» o «maquinaciones» o «planes» que nuestro enemigo utiliza para mantenernos encarceladas en la amargura, encadenadas por el resentimiento, paralizadas en nuestra eficacia en la oración, y atrofiadas en nuestro poder para resistirlo victoriosamente. Cuando nuestros corazones se endurecen aunque sea un poco al negarnos a caminar en comunión libre y abierta con otro, nos asociamos con el Enemigo en nuestro propio encarcelamiento interno. El amado apóstol Juan añade que cualquiera que escoge la falta de perdón «está en tinieblas, y anda en tinieblas, y no sabe a dónde va, porque las tinieblas le han cegado los ojos» (1 Juan 2:11).

No es poca cosa, esta falta de perdón.

Pero quizá una pequeña pero crítica sugerencia podría incitarnos a escapar completamente de ella. Pablo instruyó a los Corintios para que se entregaran *activamente, para que* sellaran el esfuerzo emocional de perdonar con una expresión visible y tangible de amor. Puede ser sólo un pequeño gesto: una sonrisa, una comida preparada, un saludo de cumpleaños, un correo electrónico amistoso. Pero cuando lo hacemos, avanzamos deliberadamente *hacia* la libertad en lugar de esperar que venga a buscarnos. Colmamos al ofensor con una gracia que no esperaba y que probablemente no merezca. Y allí donde ellos puedan estar actualmente «abrumados» por un nivel de «excesiva tristeza» que ni siquiera conocemos (2 Cor. 2:7), ya sea por la relación rota que echan de menos compartir con nosotros o por alguna otra circunstancia que pesa sobre ellos en privado, nuestro pequeño acto de generosa generosidad puede ser el empujón que les libere de la asfixiante esclavitud del remordimiento, la vergüenza y el bochorno que cargan sobre sus hombros.

Si se te eriza la piel ante la idea de hacer algo amable por esa persona que te ha causado tanto dolor, tu sola vacilación podría indicar que no estás tan en línea con el perdón como alguna vez pensaste. Pero recuerda, no obtienes ningún beneficio al contenerte. Por el contrario, al permanecer amargada, estás sirviendo a los propósitos del Enemigo, cayendo presa de sus planes.

## No es poca cosa, esta falta de perdón.

Y puede que ese pequeño recordatorio sea todo lo que necesitas para animarte a no dejar que este asunto se alargue más.

Así que perdona, tanto internamente *como* activamente.

*Si el que te aborrece tuviere hambre, dale de comer pan,*
*Y si tuviere sed, dale de beber agua.*
PROVERBIOS 25:21

# - Dios me habla -

Pide al Señor que te muestre cómo frustrar los designios de Satanás extendiendo bondad a otro.

_____

_____

_____

_____

_____

_____

_____

_____

_____

_____

_____

_____

*Bendecid a los que os persiguen;*
*bendecid, y no maldigáis.*
ROMANOS 12:14

_Y sobre todas estas cosas vestíos de amor,_
_que es el vínculo perfecto._
Colosenses 3:14

# Nunca demasiado lejos

---
🍃
---

*Mas luego que fue puesto en angustias, oró a Jehová su Dios,*
*humillado grandemente en la presencia del Dios de sus padres.*
2 CRÓNICAS 33:12

Decir que Manasés fue un rey malvado es como decir que el Gran Cañón es un agujero en el suelo. La Biblia dice que «derramó tanta sangre inocente que inundó a Jerusalén de un extremo a otro» (2 Reyes 21:16, NVI). Si las abominaciones de algún monarca fueron la causa de que Dios abandonara a Judá al exilio, fue este rey, que había «hecho más maldad que todos los amorreos que le precedieron» (2 Reyes. 21:11).

Afortunadamente, Dios no es un ser estoico que trata a los seres humanos sin emociones ni sentimientos. «Misericordioso y clemente es Jehová; lento para la ira, y grande en misericordia. No contenderá para siempre, ni para siempre guardará el enojo. No ha hecho con nosotros conforme a nuestras iniquidades, ni nos ha pagado conforme a nuestros pecados. Porque como la altura de los cielos sobre la tierra, engrandeció su misericordia sobre los que le temen» (Sal. 103:8-11).

Incluso cuando hemos elegido imprudentemente, incluso cuando hemos saboreado nuestra obstinada resistencia, Él sigue deseoso de expresarnos estos hermosos elementos de Su carácter. Él anhela recibir a los rebeldes en Sus brazos acogedores. Él ama ver Su gracia exaltada y ver cómo nos transforma a Su imagen. Nada de lo que hemos hecho, sin importar cuán devastador o doloroso, puede llevarnos demasiado lejos de Su amor para alcanzarnos, rescatarnos y restaurarnos. Cuando lo invocamos, Él nos escucha.

Igual que escuchó a Manasés...

Porque cuando el Señor envió contra él a los ejércitos de una nación extranjera, «aprisionaron con grillos a Manasés, y atado con cadenas lo llevaron a Babilonia» (2 Cr. 33:11), el juicio cayó como piedras de granizo. Pero en su angustia, Manasés «se humilló grandemente» (v. 12) ante el Señor. Y Dios «oyó su oración y lo restauró a Jerusalén, a su reino» (v. 13). Después de tan generosa restauración, Manasés recuperó su reino, y el resto de su vida (vv. 14-16) fue muy diferente de la primera.

*Él ama ver Su gracia exaltada y ver cómo nos transforma a Su imagen.*

Cuando respondemos a las disciplina humillándonos con la «piadosa tristeza» del verdadero arrepentimiento (2 Cor. 7:11), Él derramará Su misericordia sobre nosotras. Nunca es demasiado tarde, y nunca estás demasiado lejos, para recibir el poder restaurador de Aquel que te ama.

*Pero alégrense todos los que en ti confían;*
*Den voces de júbilo para siempre, porque tú los defiendes;*
*En ti se regocijen los que aman tu nombre.*
SALMO 5:11

# - Dios me habla -

¿Hay algún aspecto de tu vida que crees que está «demasiado lejos» para que la misericordia de Dios te salve? Ora por ello hoy y recibe Su perdón y gracia para seguir adelante.

_____

_____

_____

_____

_____

_____

_____

_____

_____

_____

_____

_____

_____

*Si confesamos nuestros pecados, él es fiel y justo para perdonar*
*nuestros pecados, y limpiarnos de toda maldad.*
1 JUAN 1:9

*Porque no envió Dios a su Hijo al mundo para condenar al
mundo, sino para que el mundo sea salvo por él.*
Juan 3:17

# Piezas recicladas

*Ni tampoco presentéis vuestros miembros al pecado como instrumentos de iniquidad, sino presentaos vosotros mismos a Dios como vivos de entre los muertos, y vuestros miembros a Dios como instrumentos de justicia.*
ROMANOS 6:13

Durante mi infancia, recibí más disciplina de mis padres que mis otros tres hermanos juntos. Recuerdo que más de una vez llegué a casa con una carta de mi profesor explicando por qué me habían enviado al despacho del director. Mis padres solían llevarme a un dormitorio al final del pasillo, lejos de las demás habitaciones, y allí... hablábamos al respecto.

Si había un patrón en mis problemas, generalmente tenía que ver con «esa boca», como a veces la llamaba mi madre. «Esa boca», según todos los indicios disciplinarios, parecía destinada a causarme toda una vida de problemas si no la controlaba.

O al menos encaminarla en una dirección diferente.

Mis padres fueron pacientes y perspicaces. Fueron los primeros en ver el potencial de este «problema». Me metieron a la cabeza la idea de que mi actitud para hablar podía ser realmente beneficiosa para mí, incluso para los demás. Me animaron a leer a mi familia algunas de las poesías y monólogos que había escrito. Y con el tiempo, a través de oportunidades como enseñar en una clase de escuela dominical para niños, hacer presentaciones detrás del micrófono en la iglesia y estudiar comunicaciones como estudiante universitaria, Dios reconvirtió un potencial negativo en algo que realmente tenía un lugar útil en Su reino. Supongo que Él sabía lo que estaba haciendo todo el tiempo cuando me creó con ese temperamento hablador.

Y no soy la primera en descubrir esta transformación.

Cuando Saulo de Tarso fue sorprendido por un repentino relámpago al borde de un camino y se transformó en el misionero cristiano más prolífico de todos los tiempos, no fue por casualidad. Dios eligió a un hombre «de la nación de Israel, de la tribu de Benjamín, hebreo de los hebreos; en cuanto a la Ley, fariseo; en cuanto al celo, perseguidor de la iglesia» (Fil. 3:5-6), alguien cuyo pasado lo preparó de manera ideal para entender lo que la Palabra de Dios había estado comunicando sobre Jesús durante todos estos años y que comprendió el poder de la iglesia con tal agudeza que había hecho todo lo posible por eliminarla.

La elección de Pablo como Su embajador más directo en el mundo del siglo I no fue casual. Aquellas cualidades que le habían vuelto tan ferozmente contra el Camino se convertirían en el mismo polvorín que Dios encendería al defender el evangelio contra una oposición salvaje. Pablo necesitaría cada gramo de esa tenacidad para cumplir su propósito. Las herramientas que lo hacían peligroso se convirtieron en las marcas de su destino.

> Las herramientas que lo hacían peligroso se convirtieron en las marcas de su destino.

Este es el camino de Dios: convertir lo negativo en positivo. Rehaciendo y moldeando temperamentos y propensiones por Su Espíritu hasta que sean adecuados para el propósito del reino. Empieza a ver a tu hijo, cónyuge o amiga a través de esa luz. Luego, mírate a *ti misma* a través de esa lente *también*. Las partes que te meten en más problemas, si se reciclan para la gloria de Dios, podrían dar la vuelta al mundo.

Tú, todo lo que eres, es capaz de lograr triunfos asombrosos que glorifican a Dios. Entrégale todo a Él, lo bueno y lo malo, y observa cómo lo utiliza de formas que nunca habrías imaginado.

*Yo los compensaré a ustedes por los años en que todo lo devoró ese gran ejército de langostas.*
JOEL 2:25 NVI

# - Dios me habla -

¿Cuáles son algunas de las debilidades, en ti misma o en alguien a quien amas, que has descartado como posibles herramientas que Dios puede utilizar para Su gloria? ¿Cómo puedes verlo transformándolas en fortalezas verdaderamente efectivas?

_____

_____

_____

_____

_____

_____

_____

_____

_____

_____

*Y a aquellos del cuerpo que nos parecen menos dignos,*
*a estos vestimos más dignamente; y los que en nosotros son*
*menos decorosos, se tratan con más decoro.*
1 Corintios 12:23

_El lugar seco se convertirá en estanque,_
_y el sequedal en manaderos de aguas._
<small>ISAÍAS</small> 35:7

# Pasitos de bebé

───────── ✤ ─────────

*Ella ha hecho lo que ha podido.*
MARCOS 14:8 NBLA

Mi sobrina, de un año de edad, se tambaleaba sobre sus piernas poco firmes y se dirigía hacia las frías y azules aguas de la piscina, situada a casi cuatro metros de distancia. Su padre y sus hermanos mayores ya estaban inmersos dentro de la piscina, llamándola para que se uniera a ellos. Pero aún era bastante novata en su caminar. No le resultaba tan fácil como a los que llevaban tiempo haciéndolo. Su ritmo era inconstante y desigual. Le faltaba la suave fluidez que sólo se adquiere con la experiencia. Incluso algo tan simple requería, para ella, un cálculo cuidadoso.

La observé desde una distancia cómoda y silenciosa, contemplando la dulce escena. En un momento dado, mientras agitaba los brazos, me sentí segura de que caería al suelo en cualquier momento, anticipando el grito de dolor que seguramente saldría de su rodilla raspada a través de sus pulmones ofendidos. Pero en lugar de ceder al miedo o a las comparaciones...

*Hizo lo que pudo.*

Jesús nunca fue de los que menosprecian o minimizan los esfuerzos bienintencionados y puros de la gente, por escasos o míseros que sean. Cuando una viuda marginada trajo sólo un par de míseras monedas para echarlas con cautela en el arca de la ofrenda, Él la alabó como un gran ejemplo a seguir. Todos los demás que arrojaban sus excedentes en la misma arca de ofrenda harían bien en aprender una lección. Ella hizo lo que pudo, esta viuda anónima que todavía nos inspira con su sacrificio. Hacer todo lo que podía hacer era suficiente.

En muchas épocas de la vida, somos propensas a preguntarnos si nuestros pasos vacilantes e inseguros en cualquier dirección merecen realmente el esfuerzo que requieren. Nos sentimos tentadas a retener nuestra ofrenda, ya sea de tiempo, talentos o tesoros, asumiendo que nunca será lo suficientemente amplia como para atraer la atención del Señor, pensando que los demás la considerarían un completo desperdicio. Nos preguntamos si los pequeños pasos, los pasos desiguales, los pasos inseguros, pueden llegar a ser pasos dignos, lo bastante dignos como para agradar a Dios, lo bastante fuertes como para impulsarnos hacia nuestro destino.

Y, sin embargo, Jesús no señala nuestra falta ni magnifica nuestra deficiencia. No consulta las opiniones de los demás para determinar la importancia de nuestros esfuerzos. Es más probable que nuestro bondadoso, tierno y humilde Señor nos mire directamente a los ojos y nos susurre palabras como éstas, palabras que deberían levantar la presión injustificada de nuestros cansados hombros... *Amada, haz lo que puedas.*

> No hagas nada sólo porque no puedes hacerlo todo.

Da ese paso. Ofrece ese servicio. Presenta esa idea. Fija ese objetivo. Ora esa oración. Haz esa petición. Usa esos talentos. Haz lo que puedas. Lo que *puedas.*

No hagas nada sólo porque no puedas hacerlo todo. No te quedes atrás en una segura complacencia, pensando que de todos modos ningún regalo tuyo importará. Muévete hacia delante, con los brazos abiertos y todo, sabiendo que los pasos incipientes e inseguros se convierten en pasos fuertes y seguros con el tiempo. Los pasos de hoy están construyendo los cimientos de los éxitos de mañana.

«¿Pues quién ha despreciado el día de las pequeñeces?» (Zac. 4:10, NBLA).

Nosotras no.

Ya no. Estamos avanzando. Paso a paso.

*El que es fiel en lo muy poco, también en lo más es fiel.*
LUCAS 16:10A

# - Dios me habla -

¿Cuáles son uno o dos de esos pasos pequeños que el Espíritu de Dios te ha estado impulsando a dar últimamente? Da esos pasos hoy mismo.

_____

_____

_____

_____

_____

_____

_____

_____

_____

_____

_____

*Bendecirá a los que temen a Jehová,*
*A pequeños y a grandes.*
Salmo 115:13

_Y aunque tu principio haya sido pequeño,_
_Tu postrer estado será muy grande._
Job 8:7

# Sin ofensa

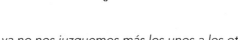

*Así que, ya no nos juzguemos más los unos a los otros,
sino más bien decidid no poner tropiezo
u ocasión de caer al hermano.*
ROMANOS 14:13

El Diablo tuvo su oportunidad de acumular juicios contra nosotras por todos nuestros pecados. Le dimos mucha munición para lanzar, dada nuestra inclinación hacia la injusticia y nuestro antagonismo a los caminos de Dios. Pero nuestro bondadoso Padre «por nosotros lo hizo pecado, para que nosotros fuésemos hechos justicia de Dios en él» (2 Co. 5:21). «Ahora, pues, ninguna condenación hay para los que están en Cristo Jesús» (Rom. 8:1).

Aleluya, aquí ya no hay nada que juzgar.

Y como el Enemigo no puede juzgarnos, quiere convertirnos en jueces.

En cualquier reunión de personas que se congregan en el nombre de Jesús, en cualquier comunidad de redimidos donde se forme una iglesia local, existe la oportunidad de ser crítica, pensar lo peor, guardar rencor y ofenderte.

Y a nuestro Enemigo le encanta esto. La *unión* es una de las principales cosas que quiere asaltar. Nos quiere aislados. Nos quiere solas. No quiere que reconozcamos el poder de formar parte de un cuerpo, de la familia de Dios. Nos quiere abrumadas, cargadas de falta de perdón, señalándonos con el dedo y separadas por sospechas de traición. Así que nos empuja a juzgar a los que nos rodean hasta que, aunque estamos bajo la lluvia de la gracia de nuestro Padre, no estamos dispuestas a dar esa misma gracia a nuestros hermanos y hermanas.

En el pasaje más conocido por su descripción de la armadura de Dios (Efesios 6), uno de los elementos enumerados es el «escudo de la fe» (v. 16). La función de esta pieza de protección espiritual, según Pablo, es ayudarnos a «que podáis apagar todos los dardos de fuego del maligno». Entre las tácticas comunes en la antigua guerra romana estaba la práctica de lanzar estos «dardos de fuego», como dice la versión Reina Valera. El propósito de lanzarlos, sin embargo, no era tanto para matar, sino para crear distracción. La entrada de flechas encendidas en el campamento contrario incendiaría las provisiones y amenazaría sus viviendas. El enemigo sabía que si podía forzar a los combatientes a romper filas para atender estos incendios fortuitos, podrían explotar los agujeros y puntos débiles en la línea. Esos pequeños destellos de problemas que había que apagar mantendrían al ejército demasiado ocupado para contraatacar o mantener su posición.

> La unión es una de las principales cosas que quiere asaltar.

Cuando rompemos filas con nuestras compañeras «soldados» a través de nuestras pequeñas riñas y peleas secundarias, tomamos la iglesia fuera de misión y de visión precisamente lo que quiere el Enemigo. La línea de defensa contra él se debilita y puede infiltrarse más fácilmente. No podemos dejar que nos siga engañando de esa manera. Debemos permanecer unidas, comprometidas unas con otras, defendiéndonos mutuamente, en lugar de crear una separación que sólo nos expone a más ataques.

«No nos juzguemos más las unas a las otras», porque sólo le hacemos el juego cuando lo hacemos. Si permanecemos unidas, ni siquiera las puertas del infierno pueden resistirnos.

*Uno solo es el dador de la ley, que puede salvar y perder;*
*pero tú, ¿quién eres para que juzgues a otro?*
Santiago 4:12

# - Dios me habla -

¿A quién o quiénes tiendes a juzgar más? ¿Qué ventaja crees que obtendrá el Enemigo mediante esta división? Pide al Señor que te dé sensibilidad hacia los demás y discernimiento para «cerrar filas».

_____

_____

_____

_____

_____

_____

_____

_____

_____

_____

_____

_____

_____

*Por tanto, recibíos los unos a los otros,*
*como también Cristo nos recibió, para gloria de Dios.*
ROMANOS 15:7

*Pero si ustedes se muerden y se devoran unos a otros,*
*tengan cuidado, no sea que se consuman unos a otros.*
GÁLATAS 5:15 NBLA

# ¿Quién ha robado mi rinoceronte?

⚜

*Comerás, pero no te saciarás,*
*sino que seguirás padeciendo hambre.*
MIQUEAS 6:14A

U nos amigos tuvieron la bendición de ir a un safari africano como familia. Los vehículos todoterreno se desplazaban por la hierba alta y el terreno lleno de baches, cargados de gente vestida con sus ropas holgadas de color beige, con los binoculares preparados para la siguiente parada de observación.

El objetivo común en la mayoría de los safaris es poder tachar de la lista de animales avistados con tus propios ojos a los «Cinco Grandes» en su hábitat natural. Se trata de las siguientes especies: (1) elefante, (2) rinoceronte, (3) búfalo, (4) león y (5) leopardo. Llena tu tarjeta con avistamientos confirmados de los cinco y la gente dirá que has vivido el sueño del safari.

Pero como todo, algunos safaris son un éxito y otros no. Ver a cada uno de estos cinco animales no está garantizado, sólo se puede esperar. En el caso de nuestros amigos, habían tenido la suerte de ver cuatro de ellos, y les quedaba un día más para añadir el quinto. Pero por mucho que lo intentaron, la quinta especie se les escapó. Me contaron que uno de los miembros de la familia pasó todo el último día preocupado, y perdió la oportunidad de apreciar muchos de los animales más destacados que los demás estaban disfrutando porque estaba obsesionado con el último animal que faltaba en su lista de los «Cinco Grandes». En su mente, si no podía encontrar al rinoceronte, no podía considerarse un buen día. Su actitud era hosca, su perspectiva sombría, la hermosa experiencia apagada.

Esto es lo que siempre hace el descontento. Disminuye nuestro placer por las cosas que ya tenemos y por la abundancia que actualmente nos rodea. Nos ciega ante los «Cuatro Grandes», que francamente, ya son realmente asombrosos y deberían impulsarnos a la gratitud, no ser pasados por alto por no ser suficientes.

¿Qué es lo que hace que tus *Cinco Grandes* sean *unos Cuatro Grandes* insatisfactorios? ¿Cuál es *la única cosa*, la única cosa, que se escapa de tu alcance y consume tu atención, desviándola de la abundancia y las bendiciones que te rodean?

¿*Lo único que no* puedes tener o hacer? ¿*Lo único* que quieres pero que aún no has visto que suceda en tu matrimonio ni familia, ni finanzas, ni carrera, ni ministerio?

> La satisfacción viene de valorar lo que se te ha dado, no de desahogarte por lo que se te ha negado.

No dejes que eclipse todas las cosas hermosas y abundantes que podrías disfrutar y celebrar hoy. No permitas que los elementos que te faltan te impidan disfrutar plenamente de lo que te rodea. La satisfacción viene de valorar lo que se te ha dado, no de desahogarte por lo que se te ha negado.

En retrospectiva, nuestro amigo mira hacia atrás y se da cuenta de que perdió la oportunidad de participar y disfrutar plenamente de la experiencia de un safari con su familia. Reconoce que su falta de gratitud por los *Cuatro Grandes* le costó un precio muy alto que ya no quiere pagar en su vida. Quiere lo que todos deberíamos querer: exprimir hasta la última gota de bondad de vida que tenemos, la vida que ya se despliega ante nosotras.

El apóstol Pablo expresó maravillosamente este principio cuando dijo: «He aprendido a estar satisfecho en cualquier situación en que me encuentre» (Fil. 4:11, NVI). Y si hay *algo* que aprender hoy, que sea esta verdad.

*¿Y quién de vosotros podrá, por mucho que se afane,*
*añadir a su estatura un codo?*
MATEO 6:27

# - Dios me habla -

Anota tus «Cuatro Grandes»: las cosas que Dios ya te ha dado, pero que tú has descartado porque todavía te falta algo más. Celebra hoy Sus bendiciones aquí y ahora.

_____

_____

_____

_____

_____

_____

_____

_____

_____

_____

_____

_____

*Las cuerdas me cayeron en lugares agradables;*
*En verdad es hermosa la herencia que me ha tocado.*
SALMO 16:6 NBLA

_En cuanto a mí, veré tu rostro en justicia;_
_Estaré satisfecho cuando despierte a tu semejanza._
SALMOS 17:15

# De árboles e integridad

❖

*El que anda en integridad anda seguro,*
*Pero el que pervierte sus caminos será descubierto.*
Proverbios 10:9 nbla

Era el tipo de tormenta que te hace acurrucar más en las sábanas: la lluvia salpicando el tejado y los relámpagos iluminando las ventanas. Pero no fue tan agradable a la mañana siguiente, cuando miramos y vimos que se había llevado uno de nuestros árboles más altos y majestuosos, estrellándolo contra el suelo del patio trasero.

Cuando salimos a inspeccionar los daños, nos sorprendió lo que vimos. Aquel árbol enorme e imponente, que siempre se había mantenido fuerte, recto y majestuoso, se había partido en dos como una rama endeble. Y dentro del tronco fracturado, ahora dolorosamente expuesto, yacía una cáscara de madera astillada, podrida y en descomposición. No podíamos creer que un árbol que parecía tan sano y estable por fuera estuviera tan mohoso y podrido por dentro.

Este deterioro no se había producido de la noche a la mañana, nos explicó el experto en árboles cuando vino a retirar los restos al día siguiente. Sin duda, este tipo de deterioro se había ido gestando durante meses, empezando de a poco pero arruinando la estructura y la fuerza de todo el árbol con el paso del tiempo. Durante años parecía robusto por fuera, pero se estaba pudriendo por dentro.

No tenía... *integridad.*

Los árboles caídos son como vidas derribadas: una apariencia de fortaleza que oculta un declive interno constante, que ocurre en algún lugar bajo la piel que dejamos ver a los demás.

La gente cree que estamos bien, incluso que somos ejemplares. Se sienten atraídos por la imagen que creamos, igual que a mi familia y a mí nos atrajo esta propiedad por su bosque de árboles altos y preciosos. Ya me los imaginaba elevándose sobre mis hijos en sus rutinarias y divertidas tardes de juego.

Pero cuando nuestro carácter carece de simetría con nuestra apariencia externa, cuando la piedad sólo se pinta para dar efecto, tarde o temprano colapsaremos. Nuestras vidas finalmente no podrán soportar su propio peso, ni proporcionar la sombra y la bendición que deseamos para nuestras familias y los demás. «sabed que vuestro pecado os alcanzará», dice la Biblia (Núm. 32:23). No podemos mantener la hipocresía oculta para siempre. O somos estructuralmente sólidas o estamos estructuralmente comprometidas: tenemos que evitar por completo este desastre, elegir la longevidad en lugar de la licencia. En lugar de esperar que nadie nos vea, en lugar de esperar que nuestras viejas raíces sean suficientes para mantenernos erguidas (como siempre), es hora de ahorrarnos el agotamiento y simplemente alinear nuestro interior con nuestro exterior. La *alineación* es la respuesta. La libertad y la belleza de la integridad harán más bien a nuestros corazones que cualquier cosa que parezca mucho más deseable a corto plazo.

> No podemos mantener la hipocresía oculta para siempre.

Pide al Señor valor para crear un equilibrio entre las partes ocultas de tu vida y las partes que los demás observan. Invítalo a arrancar la madera muerta a través de la confesión y el arrepentimiento, y deja que Él cree un nuevo crecimiento en tus lugares debilitados.

Entonces estarás firme. Fuerte. Hecha para durar.

*Porque estas cualidades, si abundan en ustedes,*
*los harán creceren el conocimiento*
*de nuestro Señor Jesucristo.*
2 PEDRO 1:8 NVI

# - Dios me habla -

¿Dónde esperas estar en los próximos cinco o diez años? ¿Puedes hacerlo con lo que vives bajo la superficie? ¿Coincide con lo que todo el mundo ve?

_____

_____

_____

_____

_____

_____

_____

_____

_____

_____

_____

*Y les daré un corazón, y un camino,*
*para que me teman perpetuamente,*
*para que tengan bien ellos, y sus hijos después de ellos.*
JEREMÍAS 32:39

*Enséñame, oh Jehová, tu camino; caminaré yo en tu verdad;*
*Afirma mi corazón para que tema tu nombre.*
SALMO 86:11

# Oír para creer

---

*El filisteo de Gat llamado Goliat, subió de entre*
*las filas de los filisteos y habló las mismas*
*palabras de su desafío, y David las oyó.*
1 SAMUEL 17:23 NBLA

David y Goliat. Esta historia y los temas que representa nos resultan tan familiares que nos tientan a hojear el pasaje y a apresurarnos en lugar de extraer los tesoros que encierra bajo la superficie. Pero como las capas de significado de la Palabra de Dios son realmente ilimitadas y están listas para ser acentuadas por la voz del Espíritu, Él siempre cumplirá Su promesa de abrirnos Su Palabra de una manera refrescante y (me atrevería a decir) *nueva*.

El gigante filisteo medía nueve pies y nueve pulgadas de altura, lo suficientemente imponente como para hacer temblar hasta a un curtido soldado adversario. Al ver a este enorme guerrero, el ejército israelita «huían de su presencia, y tenían gran temor» (1 Sam. 17:24). Pero fíjate en una pequeña frase que a veces se pierde entre todo el ruido del campo de batalla y la acción de las hondas. Israel *miraba*; David *escuchaba*.

«David lo *oyó*».

Mientras que la perspectiva de los soldados se formó únicamente por lo que *vieron* en esta fuerza masiva de estatura bruta de lucha, la perspectiva de David se formó por lo que oyó: Goliat burlándose de los ejércitos y del poder del Dios vivo. Y eso fue lo que marcó la diferencia. Si sólo se hubiera guiado por lo que podía ver, habría tenido ganas de retroceder con todos los demás. Pero en cuanto «oyó» lo que salía de la boca de Goliat, no tuvo miedo de avanzar incluso contra un enemigo temible.

Es probable que en la actualidad se esté enfrentando a uno o varios problemas o batallas de proporciones gigantescas: grandes e inminentes, quizá hasta el punto de llegar a ser terribles y desesperantes. Pero las impresiones visuales sólo muestran una parte de la historia. ¿Qué estás *escuchando* en medio de ellas? ¿Oyes lo impotente que es tu Dios para hacer algo al respecto? ¿Oyes insinuaciones que contradicen Su Palabra y Sus buenas intenciones paternales hacia ti? ¿Escuchas afirmaciones de que tu situación es desesperada, que este es el fin, y que tu fe en perseverar no es más que una gran pérdida de tiempo?

> **Las impresiones visuales sólo muestran una parte de la historia.**

Las impresiones visuales sólo muestran una parte de la historia.

Recuerda el ejemplo de David. No permitas que los aterradores nombres, fechas y detalles de tu situación te acobarden. Deja que las mentiras y la falsedad despierten una santa indignación que se eleve en tu alma. Fortalécete en el Espíritu de Dios con la valiente responsabilidad de mantenerte firme en Su Palabra y fuerte en Su verdad, porque nada puede frustrar los propósitos de Dios, incluso en medio de los desafíos más difíciles que enfrentas. Levántate con Su consejo de las Escrituras, indignada contra cada mentira que escuchas, y luego ve a la batalla para matar a ese gigante en el nombre de Jesús.

*Despierta Mi oído para escuchar como los discípulos.*
*El Señor Dios me ha abierto el oído;*
*Y no fui desobediente, Ni me volví atrás.*
ISAÍAS 50:4–5 NBLA

# - Dios me habla -

¿Qué tipo de cosas te están «diciendo» tus batallas más feroces en este momento? Sé proactiva en localizar y reclamar la verdad de Dios para acallarlas.

_____

_____

_____

_____

_____

_____

_____

_____

_____

_____

_____

_____

*En el lugar donde oyereis el sonido de la trompeta,*
*reuníos allí con nosotros; nuestro Dios peleará por nosotros.*
NEHEMÍAS 4:20

*Y otros son aquellos en que se sembró la semilla en tierra buena;
los cuales oyen la palabra, la aceptan y dan fruto.*
MARCOS 4:20 NBLA

— Día 41 —

# La espera vale la pena

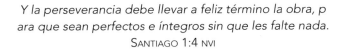

*Y la perseverancia debe llevar a feliz término la obra, p
ara que sean perfectos e íntegros sin que les falte nada.*
Santiago 1:4 nvi

L a elaboración de pan casero es mucho más difícil de lo que
parece. Había visto a una amiga hacer su magia con la
levadura, el rodillo de amasar y el horno, y había probado
los gloriosos resultados que obtenía. Así que decidí intentarlo
también, sin darme cuenta de que tardaría un año y medio
en conseguir unos panes suaves, ondulantes y dorados como
los suyos. Sí, casi dos años perfeccionándolo. Algunos fueron
buenos intentos, pero otros fueron bastante tristes. Mi familia
comió unas cuantas tandas densas y pesadas que se anunciaban
con un aroma seductor desde la cocina, pero que fallaron un
poco en la ejecución.

Sinceramente, fue un proceso frustrante, que requirió mucho
tiempo, paciencia, diligencia y atención al detalle.

Pero he descubierto que algunos sueños son así. Tardan meses
y años en hacerse realidad. De hecho, cuanto más valiosos y satis-
factorios son, más tiempo suelen tardar en cumplirse. Como las
murallas de Jerusalén, que Nehemías tardó cincuenta y dos días
en reconstruir. Como el Templo de Salomón, que llevó siete años
construir. Como la travesía de cuarenta años de los israelitas por
el desierto del Sinaí hasta la Tierra Prometida: sus corazones se
refinaron en el calor del desierto. Algunas cosas, cosas que vale la
pena tener y lograr, tardan tiempo en completarse.

La lectura de los primeros libros del Antiguo Testamento
puede parecer a menudo tediosa y plagada de interminables
minucias. A menudo tenemos la tentación de saltarnos algunos

de los relatos y circunstancias más detallados. Pero en esas páginas vemos que Dios estaba obrando en *las personas*, no sólo en los *proyectos* que esas personas intentaban llevar a cabo. La transformación de esas personas llevó tiempo. Él les estaba revelando Su naturaleza, presentándoles principios de obediencia y bendición, y de pecado y repercusiones. Pero en la lucha por comprender, incluso en nuestra lucha por resistir cuando leemos Sus historias, Él nos conduce a Jesús. Todo estaba destinado a llevarlos (y llevarnos) a Jesús. La espera y el trabajo valen la pena. Para todas nosotras.

> Dios estaba trabajando en la gente, no sólo los proyectos que esas personas intentaban llevar a cabo.

¿Hay algún objetivo en el que hayas estado trabajando? ¿Una ambición o un sueño que te has propuesto alcanzar? El Señor sabe cuántas horas has dedicado y cuánta energía has gastado. No es ajeno ni ambivalente a tu diligencia. Él conoce tus dificultades y frustraciones. Y con cada paso, Él ha estado trabajando junto a ti, pellizcándote y convirtiéndote en una versión de ti cada vez más madura, completa, sin que te falte nada. Este tipo de trabajo, esta obra maestra, no sucede de la noche a la mañana: requiere tiempo.

Así que sigue presionando, dividiéndolo en porciones más pequeñas que no parecen tan abrumadoras.

Soporta. Se acerca el día, más pronto de lo que crees, en que no sólo podrás disfrutar del fruto de tu diligencia, sino que verás que mientras trabajabas en *ello*, Dios estaba trabajando en *ti*.

Y eso tendrá un sabor muy dulce.

*Rogamos que ustedes sean fortalecidos con todo poder según la potencia de Su gloria, para obtener toda perseverancia y paciencia, con gozo.*
Colosenses 1:11 NBLA

# - Dios me habla -

¿Cuál es el crecimiento y el desarrollo que puedes señalar en tu propia vida recientemente?

_____

_____

_____

_____

_____

_____

_____

_____

_____

_____

_____

_____

*A los que por la perseverancia en hacer el bien buscan gloria,*
*honor e inmortalidad: vida eterna.*
ROMANOS 2:7 NBLA

*Por la fe Moisés salió de Egipto sin temer la ira del rey, porque se mantuvo firme como viendo al Invisible.*
HEBREOS 11:27 NBLA

# El turno de noche

---

*Toda buena dádiva y todo don perfecto desciende de lo alto,*
*del Padre de las luces, en el cual no hay mudanza,*
*ni sombra de variación.*
SANTIAGO 1:17

Cada año que transcurre nos recuerda de manera real y tangible los efectos del tiempo. Los cuerpos duros y esculpidos se ablandan. Los rostros tersos y juveniles se arrugan. Los pies delgados y estrechos se hinchan o se aplastan.

La piel tensa y firme se afloja y no coopera. Cada semana, el espejo nos presenta a una persona que no reconocemos del todo. Cada vez que encontramos una foto nuestra, tomada hace dos, tres, cuatro años o más... Dios mío, casi lo habíamos olvidado. ¿Llevábamos el pelo así? ¿De verdad nos quedaba bien ese traje? ¿Teníamos una piel tan suave?

El tiempo revela lo temporal. Pone de relieve el lento, pero constante declive que todos los habitantes de la tierra están sujetos a experimentar. Todo cambia. Nada permanece igual... al menos no de la forma en que una vez lo conocimos. Los empleos se reducen. Los precios suben. Los niños adoptan nuevos intereses y crecen por caminos diferentes. Determinados alimentos que antes disfrutábamos sin pensarlo dos veces ahora nos mantienen despiertos por la noche con ardor de estómago. El entrenamiento que siempre nos ha bastado ya no tiene el mismo impacto que antes. Mantener nuestro nivel de energía no es la tarea fácil que solía ser. Las cosas con las que confiábamos para cuando llegáramos a cierta edad no se unen como habíamos planeado, incluso ciertas personas a las que admirábamos se muestran infieles y fracturadas.

La vida se niega a quedarse quieta. Y, sin embargo, Dios sigue siendo el mismo. Su Palabra, Su verdad, Él mismo.

Sin cambios.

A medida que envejezco, más observo y aprecio, y francamente me asombro de la poderosa cualidad de Su naturaleza. Él se presenta cada mañana sin ninguna «variación o sombra cambiante». Siempre el mismo. Siempre constante. Inmutable. Él es el primero y el último. La Eternidad está en medio de nosotras, Su Espíritu fresco y vivo en nosotras, igual que el día en que lo conocimos, Sus misericordias nuevas con cada amanecer que se acerca. «Tus años», dijo de Él el salmista, «no se acabarán» (Sal. 102:27). Él siempre será quien siempre ha *sido*, por muy rápido que pase el tiempo o por muchos cambios que nos veamos obligadas a afrontar.

Recordar hoy este hecho debería darte confianza, una confianza que necesitarás en estos tiempos cambiantes.

Nunca dejará de ser fiel y bueno, fuerte y verdadero. Él siempre será luz, sin «absolutamente ninguna oscuridad en él" (1 Juan 1:5, NVI). Él siempre será «amor» (1 Jn. 4:16), incluso en los días en que te sientas condenada e imperdonable. El Hijo siempre vivirá «para interceder» por ti (Heb. 7:25), sin dejarte nunca expuesta y sola y sin «un Abogado con el Padre» (1 Juan 2:1). Puede que sientas la tentación de preocuparte o inquietarte por un montón de novedades, pero nunca tendrás que preguntarte si encontrarás a un Dios eternamente confiable en medio de ellas.

> Él siempre será quien siempre ha sido.

Cada año puede ser nuevo para *nosotras*, pero Él es el mismo ayer, hoy y siempre.

*Porque Jehová es bueno; para siempre es su misericordia,*
*Y su verdad por todas las generaciones.*
SALMO 100:5

# - Dios me habla -

¿Cómo te reconforta recordar que, a pesar de cualquier cambio reciente en tus circunstancias, Dios permanece constante e inmutable?

_____

_____

_____

_____

_____

_____

_____

_____

_____

_____

_____

_____

*Porque Él es el Dios viviente que permanece para siempre,*
*Y Su reino no será destruido Y Su dominio durará para siempre.*
DANIEL 6:26 NBLA

*El cielo y la tierra pasarán,*
*pero mis palabras no pasarán.*
MATEO 24:35

# Los resultados pueden variar

---❦---

*Y otra parte cayó en tierra buena y dio fruto, algunas semillas a
ciento por uno, otras a sesenta y otras a treinta.*
Mateo 13:8 nbla

La vista era extraña: dos plantas idénticas colocadas una al
lado de la otra en el mismo parterre de la casa de mi primo.
Habían recibido el mismo riego y los mismos nutrientes
de la misma tierra. Sin embargo, una era verde, exuberante y
vibrante, mientras que la otra era marrón, seca y quebradiza
Extraño.

Sin embargo, quizá no sea tan infrecuente. Al menos no en
nuestra vida cristiana.

En la conocida parábola del sembrador, todas las semillas
que se plantaron en «buena tierra» o en «buen suelo» dieron
como resultado una cosecha (Mateo 13:23). Una *buena cosecha*. Todas fueron consideradas productivas. Pero algunas eran
*menos* productivas que otras. Un rendimiento de treinta veces
no es naturalmente tan saludable como sesenta veces, ni sesenta
veces es tan deseable como cien veces. Algo impidió que la semilla fuera tan prodigiosa en un área del campo como en otra.

Y esta discrepancia, junto con esos dos arbustos que vi en ese
parterre, me hizo preguntarme: ¿Por qué pasaría eso? Si la tierra
es la misma, ¿por qué la semilla no haría lo mismo en un sitio que
en otro? ¿Por qué no florecerían todos los arbustos por igual?

Cientos de creyentes pueden sentarse en la misma iglesia,
cantar las mismas canciones, alimentarse de la misma Palabra y
compartir de la misma mesa espiritual. Sin embargo, el fruto que
se produce en la vida de una persona a partir de la Palabra de
Dios implantada puede variar mucho del que se produce en otra.

Una mujer puede manejar una crisiscon una fe resistente que se fortalece y se hace más preciosa en el proceso, mientras que otra se marchita y se vuelve más espinosa al tacto. Un hombre puede volverse audaz y efervescente a la hora de compartir el amor de Cristo con los demás, mientras que otro pasa toda su vida sin mencionar jamás el nombre de Jesús a nadie en el trabajo o en su vecindario.

Mismo suelo, diferente cosecha.

Esto se debe a que algunos creyentes están dispuestos a realizar el duro trabajo de apropiarse y utilizar los nutrientes espirituales que se les ofrecen, mientras que otros se sientan en una apática indolencia. Sin una acción proactiva e intencional, se encuentran faltos del fruto que admiran en otros.

Peor aún, pueden darse por satisfechos con su mediocre cosecha y holgazanear a la sombra de los demás. Pero la proximidad con personas que dan cien no garantiza la misma tasa de rendimiento en nosotras mismas. Puede ser la misma, y sin embargo la cosecha completamente diferente.

> El suelo puede ser el mismo y, sin embargo, la cosecha completamente diferente.

Cada una de nosotras debe hacer individualmente el trabajo de cuidar la semilla que ha sido plantada: renovar nuestras mentes, rendirnos a Su Espíritu, dedicarnos a la oración y vivir con una perspectiva centrada en Dios.

No te conformes con menos de lo que Él quiere en tu vida. Resiste el impulso de sentarte y dejar que la vitalidad espiritual de otras personas sustituya a la tuya. Crece y sigue creciendo hasta que Dios obtenga lo máximo de lo que ha plantado específicamente en ti. Cuida tu tierra. Cuida tu semilla. Produce una cosecha fructífera.

*Haced, pues, frutos dignos de arrepentimiento.*
MATEO 3:8

# - Dios me habla -

¿Te has conformado con una cosecha menor de la que crees que Dios quiere?

_____

_____

_____

_____

_____

_____

_____

_____

_____

_____

_____

_____

_____

*En un buen campo, junto a muchas aguas, fue plantada, para que hiciese ramas y diese fruto, y para que fuese vid robusta.*
EZEQUIEL 17:8

*Y vosotros sois labranza de Dios, edificio de Dios.*
1 Corintios 3:9b

# Todo el mundo

❦

*Y será predicado este evangelio del reino en todo el mundo,*
*para testimonio a todas las naciones.*
MATEO 24:14

Una mañana, asistí a un té en una ciudad de la costa del Pacífico, como parte de una conferencia que había reunido a más de catorce mil mujeres de casi cuarenta países diferentes y dos docenas de denominaciones. Desde mi punto de vista, la prueba visible de la obra global de Dios estaba en todas partes. Europeos del Este conversando con gente del Medio Oeste americano. Mujeres de Londres siendo presentadas a líderes cristianos de Asia. Señoras con expresivo acento hispano riendo y compartiendo historias con otras que hablaban el mismo lenguaje de amor que une a la familia de Cristo.

El diverso cuerpo de Dios estaba representado allí. Aunque seguía siendo solo una versión en miniatura, fue suficiente para dejarme boquiabierta y recalibrar mis lecturas etnocéntricas y geocéntricas de la brújula. Me hizo no querer filtrar el vasto alcance de Su misión ni mantenerlo tan estrechamente canalizado en torno a mi propia ciudad, nación y dirección postal.

En este preciso momento, en Perú, Australia, Sudáfrica, Ucrania, Nueva Zelanda, Uganda y en innumerables lugares alrededor del mundo, todo el mundo del Reino de Dios está en acción. Su pueblo en cada continente le está sirviendo, necesitando, amando y guiando a otros a amarlo, tal y como tú y tu iglesia lo hacen en su rincón particular del mundo. Nuestra increíble familia de hermanos y hermanas están viviendo y trabajando, orando y confiando, observando cómo Él realiza en su contexto local el mismo tipo de actividad y transformación que nos encanta verlo hacer en el nuestro.

Y es muy fácil olvidar eso. Olvidar cuán grande es Su obra. Olvidar lo insignificante de nuestras propias preocupaciones. Olvidar la enormidad de Sus propósitos, que suceden todo el tiempo en medio de los muchos colores e idiomas y estilos denominacionales de Sus muchos, muchos hijos. Olvidamos que Él siempre se está moviendo por todas partes, de maneras que van más allá de nuestra imaginación, y que si realmente abriéramos nuestros ojos y oídos a la inspiración del Espíritu, Él podría mostrarnos oportunidades totalmente nuevas para comprender Su visión global en nuestras mentes y dedicar nuestra oración y pasión en ella más plenamente que nunca. Si tú y yo pasamos todas nuestras semanas yendo a *nuestra* iglesia, ocupándonos de *nuestros* asuntos y preocupándonos por *nuestro* mañana, nos perderemos la enorme obra que Dios está haciendo en *nuestro* mundo. Levanta tus ojos del estrecho círculo de tu propia vida para contemplar la amplia belleza de la actividad y oportunidad de Dios que se está llevando a cabo en la Iglesia en todo el mundo en este preciso momento. Sin duda, es un espectáculo digno de ser visto.

> Olvidamos que Él siempre se mueve por todas partes.

*Y he aquí una gran multitud, la cual nadie podía contar,*
*de todas naciones y tribus y pueblos y lenguas,*
*que estaban delante del trono y en la presencia del Cordero.*
APOCALIPSIS 7:9

# - Dios me habla -

Ora a Dios que te muestre al menos un lugar donde puedes empezar a dirigir tu oración más allá de tus fronteras.

_____

_____

_____

_____

_____

_____

_____

_____

_____

_____

_____

_____

*Porque la tierra será llena del conocimiento de la gloria de Jehová, como las aguas cubren el mar.*
HABACUC 2:14

_Que se predicase en su nombre el arrepentimiento y el perdón de pecados en todas las naciones, comenzando desde Jerusalén._
Lucas 24:47

# Solo en casa

---✿---

*El torrente dio con fuerza contra aquella casa, pero no pudo*
*moverla porque había sido bien construida.*
LUCAS 6:48 NBLA

Un vecindario de doscientas casas cerca de Galveston, Texas, recibió el impacto directo de un monstruoso huracán que rugía desde el Golfo de México. Cada casa estaba completamente destruida, reducida a nada más que ladrillos, palos y manchas de cimientos.

Todas menos una. *Una.*

Y ésta no sólo seguía en pie, sino que parecía intacta. Los marcos de las ventanas, las barandillas del porche, los frontones, la chimenea... todo estaba allí, como si la tormenta hubiera levantado los pies durante una fracción de segundo antes de llegar a esa casa concreta en el plano de construcción y luego los hubiera vuelto a derribar al suelo en cuanto llegó al otro lado.

La historia en el periódico era fascinante. Las imágenes, increíbles. Al tratar de encontrar una explicación para la supervivencia de la casa (aparte de la mano soberana de Dios), una entrevista con el propietario reveló una posible razón específica. Y ya sea que esta casa en particular se haya salvado por eso o no, definitivamente tiene algo que decir sobre nuestro propio éxito a la hora de sobrevivir a las tormentas inesperadas de la vida.

Esta casa había sido destrozada tres años antes por *otro* huracán. Y los propietarios habían tomado la costosa y extensa decisión de reconstruirla, recurriendo a la habilidad de un maestro de obras especializado en diseñar estructuras lo bastante resistentes para soportar el tipo de tormentas que suelen azotar esa zona. Cuando el huracán rugió esta vez, la destreza que habían empleado para fortalecer su hogar en su núcleo lo hizo más impenetrable que otros a su alrededor.

Si hubieran optado por arreglos más baratos, si se hubieran arriesgado a que un rayo no cayera dos veces en el mismo lugar. Y sobre todo si lo que hubieran hecho era *hablar* de reconstruir, pero nunca poner en marcha su *plan*, su casa probablemente habría sido como las demás, esparcida a lo largo de kilómetros de deprimentes escombros.

La forma en que construimos importa. La calidad de los materiales que utilizamos para construir nuestras vidas importa. ¿No es eso lo que dijo Jesús cuando preguntó: «¿Por qué me llamáis, Señor, Señor, y no hacéis lo que yo digo? Todo aquel que viene a mí, y oye mis palabras y las hace, os indicaré a quién es semejante. Semejante es al hombre que al edificar una casa, cavó y ahondó y puso el fundamento sobre la roca; y cuando vino una inundación, el río dio con ímpetu contra aquella casa, pero no la pudo mover, porque estaba fundada sobre la roca. Mas el que oyó y no hizo, semejante es al hombre que edificó su casa sobre tierra, sin fundamento; contra la cual el río dio con ímpetu, y luego cayó, y fue grande la ruina de aquella casa» (Lucas 6:46-49). La fuerza de estar «sobre la roca».

> La elección del material de construcción determina tu futuro.

«Esa casa... no podía temblar».

«Había sido bien construida».

La elección del material de construcción determina tu futuro. Cavar hondo, llegar al lecho de roca, y echar cimientos sólidos sólo en Cristo y sólo en Su Palabra es lo que te asegura sólidamente a la tierra. Porque, escúchame, las tormentas vienen. Y aún así puedes ser fuerte, fuerte y a prueba de tormentas porque no sólo has *escuchado* lo que el Espíritu dice, sino que has puesto el martillo en el clavo y lo has implementado en tu arquitectura.

Sé sabia. Construye bien. Comprométete hoy a construir el tipo de vida que Jesús dijo que resistiría los más duros tormentas de dificultad.

*Porque toda casa es hecha por alguno;*
*pero el que hizo todas las cosas es Dios.*
HEBREOS 3:4

# - Dios me habla -

¿Dónde están algunas de las fugas y puntos débiles en la estructura de tu vida? ¿Qué te está pidiendo Dios que pongas en práctica para empezar a arreglarlos y fortificarlos?

_____

_____

_____

_____

_____

_____

_____

_____

_____

_____

_____

_____

_____

_____

_____

*Y reinarán en tus tiempos la sabiduría y la ciencia,*
*y abundancia de salvación;*
*el temor de Jehová será su tesoro.*
Isaías 33:6

_Si Jehová no edificare la casa,_
_En vano trabajan los que la edifican;_
_Si Jehová no guardare la ciudad._
SALMO 127:1

# Niña cautiva

❧

*Esta dijo a su señora: Si rogase mi señor
al profeta que está en Samaria,
él lo sanaría de su lepra.*
2 REYES 5:3

L
a soberanía de nuestro Padre es tan completa, Su dominio
tan amplio, y Su control incluso sobre las circunstancias
más difíciles tan seguro, que no hay ninguna situación
en la que este más allá de Su poder redentor. No. Ni siquiera
una. De alguna manera, incluso tus dilemas más sombríos contienen los ingredientes escenciales de los que Él puede extraer
paz y esperanza y, sí, incluso un final bueno y extraordinario.
Tomemos el caso de una niña sin nombre ni rostro que apareció
en las Escrituras como cautiva política. Nativa de Israel, había
sido capturada durante una incursión en su tierra natal y forzada
a la esclavitud, terminando al servicio de la esposa de un capitán
del ejército. No era el resultado que ella hubiera deseado, arran-
cada de lo familiar y empujada a lo peligroso y desconocido. Sin
embargo, en un giro de lógica difícil de comprender para la frágil
mente humana, la Biblia dice que Dios era quien estaba detrás
de esta conquista de Su pueblo. «El Señor había dado la victoria
a Aram» (2 Reyes 5:1, NBLA). Su soberanía había participado
activamente en esta terrible situación.

Y lo creas o no, Su soberanía también está implicada en la
tuya. Todo lo que te sucede es *ordenado* por Dios o *permitido*
por Dios. Incluso la obra del mal que toca tu vida debe pasar
primero por Sus dedos amorosos antes de cruzarse contigo.
De alguna manera, Él lo canaliza todo hacia un resultado glorioso para tu bien en el cual Su nombre es engrandecido y Sus

183

propósitos son cumplidos. Es por eso que esta niña, mientras estaba cautiva en Siria, se encontró en el lugar irónicamente ideal para exaltar a su Dios en tierra extraña.

Su amo, Naamán, era leproso. Y en el curso del trabajo de esta muchacha para la esposa de Naamán, fue lo suficientemente valiente como para declarar que el poder de Dios podía sanarlo. Sin embargo, su fe y valentía no sólo llevaron a este soldado pagano a testificar: «Sé que no hay Dios en toda la tierra, sino en Israel» (v. 15), sino que incluso Jesús, siglos más tarde, al testificar de sí mismo como Mesías, se remontó a esta curación de Naamán, iniciada por una niña cautiva, como prueba de Su amor radical y de Su ministerio a los gentiles. Su historia seguía diciendo mucho.

> Dios tiene un plan soberano, y tú formas parte de él.

Así que hoy, si tus circunstancias actuales no son lo que jamás imaginaste que serían, si tus sueños se han visto truncados y tus expectativas se han desvanecido, si la vida te ha tomado cautiva, como si te hubiera secuestrado en una realidad desconocida de la que preferirías escapar, y si no puedes entender por qué algo así te está *sucediendo*, *recuerda*, Dios tiene un plan soberano, y tú eres parte de él.

Esta niña no podía saber la importancia de su captura en el gran diseño de la agenda soberana del Señor. Y tú tampoco. Pero si confías en Él, aceptando lo que no puedes entender, verás que Él sólo te ha dirigido hacia el centro del escenario de Su voluntad.

> *Y sabemos que a los que aman a Dios,*
> *todas las cosas les ayudan a bien, esto es,*
> *a los que conforme a su propósito son llamados.*
> ROMANOS 8:28

# - Dios me habla -

Agradece al Señor Su soberanía sobre todas las circunstancias de tu vida. Pídele que renueve tu confianza en que Él puede usar tu condición actual para Sus propósitos y tu bien.

---

*Yo conozco que todo lo puedes,*
*Y que no hay pensamiento que se esconda de ti.*
JOB 42:2

_Vosotros pensasteis mal contra mí,_
_mas Dios lo encaminó a bien, para hacer lo que vemos hoy,_
_para mantener en vida a mucho pueblo._
GÉNESIS 50:20

# En la sombra

---✤---

*Entonces María dijo al ángel: ¿Cómo será esto? pues no conozco*
*varón. Respondiendo el ángel, le dijo: El Espíritu Santo vendrá*
*sobre ti, y el poder del Altísimo te cubrirá con su sombra;*
*por lo cual también el Santo Ser que nacerá,*
*será llamado Hijo de Dios.*
Lucas 1:34–35

Cualquier obra auténtica de Dios va acompañada de algo especial y único. Las actividades iniciadas por el Espíritu Santo tienen resultados que trascienden los que se originan en nuestras mentes, a través de *nuestros* esfuerzos. Aunque Él nos permita participar activamente en Su obra, lo cual es un milagro en sí mismo, las consecuencias y los resultados serán claramente inexplicables. Esta es la naturaleza de lo sobrenatural. Desafían las valoraciones normales de opinión o expectativa. Por el contrario, en cierta medida, son increíbles porque han nacido del Espíritu Santo.

Tomemos como ejemplo el nacimiento de Jesús. La llegada de Jesús a la tierra es la experiencia más sobrenatural de todos los tiempos. Pende en la balanza de la historia como la gran línea divisoria entre el *antes* y el *después*, la bisagra sobre la que descansa Su plan de redención. Obviamente, este tipo de acontecimiento milagroso no podía dejarse en manos de la planificación, organización, estrategia e industria humanas. Su génesis no podía permitirse el lujo de ser manchada y estropeada por huellas mortales. Necesitaba el movimiento, la producción, la creación y la sombra del Espíritu Santo. Tenía que surgir de tal manera que nadie pudiera explicar un acto tan inexplicable salvo atribuyéndolo a la intervención divina. Todos los factores humanos debían ser engullidos por lo sagrado, dando lugar a un tipo de asombro que dejaría a la joven María sin aliento, diciendo...

*«¿Cómo? ¿Cómo puede ser?».*

Y aunque la entrada del Hijo encarnado en nuestro mundo fue realmente un acontecimiento único e irrepetible, el Espíritu no terminó de asombrarnos con Su obra. Todavía pretende despertar en tu alma (y en las almas de los que te rodean) ese mismo tipo de reacción de asombro y maravilla, llevando a cabo a través de ti cosas que sólo Él puede hacer. Dios quiere producir cosas a través de tu vida que hubieran sido imposibles sin Él. Entonces mientras otros pueden aplaudirte, felicitarte, y poner sus cumplidos en palabras amables para ofrecerte, tu sabrás en el fondo que estos elogios realmente no te pertenecen. Sabrás quién obró realmente, y sabrás desviar toda la gloria hacia Él. Mirarás a los cielos, pensando, *¿Cómo puede ser esto? ¿Cómo lo has hecho?*

Estarás segura de que no has sido tú.

> Sabrás Quién hizo realmente el trabajo.

Anhela esto. Pídele a Dios. Resiste el impulso de rehuir o retraerte de aquellas cosas que sólo el Espíritu de Dios puede lograr, y luego resiste el impulso de atribuirte el mérito cuando esté hecho. Dios quiere hacer nacer en ti sueños y potenciales marcados por el Espíritu Santo. Te llevarán más allá de tus propias limitaciones naturales y serán un despliegue espectacular de Su poder obrando en tu vida. Entra humildemente en Su luz, y regocíjate en la belleza de ser eclipsada.

*Entonces respondió y me habló diciendo: Esta es palabra de Jehová a Zorobabel, que dice: No con ejército, ni con fuerza, sino con mi Espíritu, ha dicho Jehová de los ejércitos.*
ZACARÍAS 4:6

# - Dios me habla -

¿Cómo puedes sentir que Dios te llama más allá de ti misma, hacia algo que sólo Él puede hacer?

_____

_____

_____

_____

_____

_____

_____

_____

_____

_____

_____

_____

*Estos confían en carros, y aquellos en caballos;*
*Mas nosotros del nombre de Jehová nuestro Dios*
*tendremos memoria.*
SALMO 20:7

*El Espíritu es el que da vida; la carne para nada aprovecha;*
*las palabras que Yo les he hablado son espíritu y son vida.*
JUAN 6:63 *NBLA*

# Unidad increíble

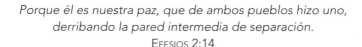

*Porque él es nuestra paz, que de ambos pueblos hizo uno,*
*derribando la pared intermedia de separación.*
EFESIOS 2:14

Antes de que el libro de Efesios se convirtiera en una amada porción del Nuevo Testamento, era un trozo de pergamino manchado que circulaba por la rica y comercial ciudad de Éfeso, en la antigua Grecia. Los creyentes lo leían o lo releían y luego lo compartían con otros, quizá incluso con otras iglesias en ciudades cercanas.

Y en cada lectura, estos cristianos del siglo I se daban cuenta de que se les pedía hacer algo, creer en algo, apoyar algo que todos sabían que era totalmente imposible. El escritor de esta carta, el apóstol Pablo, dijo que judíos y gentiles, antiguos enemigos en todos los aspectos imaginables, ya no debían considerarse como existentes en mundos culturales opuestos. En virtud del Evangelio, ambos se habían convertido en una raza «misteriosa» (Ef. 3:3-4) conocida como el cuerpo de Cristo, una unidad de creyentes destinada a mostrar al mundo que si Dios podía hacer esto, si podía salvar esta brecha cultural, sin duda podía hacer cualquier cosa.

No se había hablando antes de la idea de que judíos y gentiles se llevaran bien, se respetaran mutuamente, cooperaran juntos. Nadie lo veía posible. Las fisuras eran demasiado profundas. La altanería y la hostilidad estaban demasiado arraigadas. Odiaban el suelo que pisaba el otro. Sus objetivos y deseos se excluían mutuamente. A mucha distancia.

Sin embargo, por imposible que pareciera que esta larga disputa terminara en una tregua, Pablo declaró que esta era su nueva realidad. Dios ya lo había hecho. Más allá del deseo de que estos rivales acérrimos se sentaran y encontraran la manera de jugar juntos, Dios se adelantó y «derribó el muro divisorio de hostilidad» entre ellos (Ef. 2:14, NTV), el que había permanecido allí durante docenas y docenas de largas y canosas generaciones. No pedía la paz, sino que la *anunciaba*: «paz a vosotros que estabais lejos, y a los que estaban cerca» (Ef 2:17). Esto se logro a través de la vida y la muerte de Su Hijo Jesús, se hizo.

Jesús lo cambió todo.

*Todavía* lo cambia todo.

Dondequiera que haya personas distanciadas, la unidad en Jesús puede restaurarles la comunión. Dondequiera que las familias estén rotas y divididas, la humilde entrega a Jesús puede comenzar a reunir a las personas en comunión.

Dondequiera que la grieta parezca demasiado amplia y complicada de reparar, Jesús ya ha hecho lo que hay que hacer para arreglarlo.

Ahora es el momento de creerlo y vivir como tal.

> Ahora es el momento de creerlo y vivir como tal.

Lo único que le quedaba por hacer a la Iglesia primitiva, una vez escuchada esta noticia, era empezar a aceptar por fe que lo que Dios ya había logrado, ellos podán aplicarlo, no por su poder, sino por el Suyo.

Y si Dios era capaz de hacer eso, la máxima imposibilidad en la mayoría de sus mentes, ¿quedaría algo más que Él no pudiera hacer? ¿Por ellos?

¿O para ti?

No. No entonces. Ni ahora. Ni nunca.

*Lo que es imposible para los hombres, es posible para Dios.*
LUCAS 18:27

# - Dios me habla -

Anota los nombres de personas o grupos de personas que parezcan separados entre sí por una línea divisoria imposible. Agradece al Señor la paz que ha establecido y ora para que sus hijos puedan experimentarla.

_____

_____

_____

_____

_____

_____

_____

_____

_____

_____

_____

_____

*Porque por un solo Espíritu fuimos todos bautizados en un*
*cuerpo, sean judíos o griegos, sean esclavos o libres;*
*y a todos se nos dio a beber de un mismo Espíritu.*
1 Corintios 12:13

_Y la paz de Dios gobierne en vuestros corazones,_
_a la que asimismo fuisteis llamados en un solo cuerpo;_
_y sed agradecidos._
COLOSENSES 3:15

# Una cosa a la vez

---⚜---

*Una cosa te falta: anda, vende todo lo que tienes,*
*y dalo a los pobres, y tendrás tesoro en el cielo;*
*y ven, sígueme, tomando tu cruz.*
MARCOS 10:21

D e vez en cuando, tomo un collar del gancho del armario donde guardo mi largo y enmarañado surtido de bisutería. Casi invariablemente, al escoger el que quiero, trae consigo otros tres o cuatro collares, todos enredados en un nudo difícil de desenredar.

Mi técnica habitual, al intentar separarlos, consiste en agarrar el nudo por donde parece estar más enredado y empezar a tirar de hebras al azar, con la esperanza de liberarlo todo. Pero lo único que consigo es enredar más y empeorar las cosas. He descubierto que el secreto consiste en desenganchar el cierre de *uno* de los collares y, a continuación, sacar ese cordón de los distintos lugares en los que ha quedado atrapado y retorcido. Sorprendentemente, cuando consigo liberar ese trozo, todos los demás se han aflojado y también es más fácil desenredarlos.

Centrarse en una cosa puede llevar a desenredarlo *todo*.

Un hombre se acercó a Jesús y, en el transcurso de la conversación, reivindicó su propia excepcionalidad, describiendo cómo había cumplido todos los mandamientos que Jesús mencionó como importantes de seguir. No sólo se consideraba al día en todas sus listas, sino que «he guardado todas estas cosas desde mi juventud», dijo (Marcos 10:20). Imagínate lo llenos que debían estar sus días, al ser tan perfecto.

La Biblia dice: «Jesús, mirándolo, lo amó» (Marcos 10:21, NBLA). Imagínate la ternura, la comprensión y la redención reflejadas en Sus ojos, dándole a este hombre piadoso, que estaba enredado en más pecado, rebelión y orgullo de lo que se daba cuenta, algo que ni siquiera pensaba que necesitaba. Jesús le dijo: «Una cosa te falta».

En este caso, la «única cosa» que Jesús trajo a la mente del hombre fue su apego al dinero, a sus cosas, a su riqueza. «Anda, vende todo lo que tienes y dáselo a los pobres». Una cosa. *Trabaja en esa única cosa*, parecía decir Jesús. Si se ocupaba adecuadamente de ese único hilo, empezaría a ver cómo se aflojaban otros enredos y cuestiones de la vida. La obediencia en esta única cosa incitaría el crecimiento y la libertad en otras áreas, así como la oportunidad de darse cuenta de que lo que realmente necesitaba para hacer *cualquier cosa* bien era tener una relación con Aquel que hace *todas* las cosas bien.

A veces es solo una cosa, si nos enfocamos en hacer solo eso.

> Centrarse en una cosa puede llevar a desenredarlo todo.

Cuando el Espíritu de Dios señala *una cosa* que necesita trabajo en tu vida, tal vez una hebra de orgullo o celos, un pecado específico que hay que rechazar, una conversación que necesitas tener, una relación que necesitas dejar, una oportunidad que tienes que aprovechar, aquí tienes un consejo: *Haz esa única cosa*. No te sientas abrumada por *todo*. Sólo obedece con respecto a esa cosa. Concéntrate en hacer lo que Dios ha dicho más recientemente, y mira si no libera algunos de los otros enredos de la vida que más te preocupan.

*Oye ahora la voz de Jehová que yo te hablo,*
*y te irá bien y vivirás.*
JEREMÍAS 38:20

# - Dios me habla -

Cuando prestes atención a la guía del Espíritu Santo, busca una cosa, un lugar en el que te esté señalando tu necesidad de obediencia. ¿De qué se trata? ¿Cómo piensas cumplirla?

_____

_____

_____

_____

_____

_____

_____

_____

_____

_____

_____

*Y el pueblo respondió a Josué:*
*A Jehová nuestro Dios serviremos, y a su voz obedeceremos.*
Josué 24:24

*Así que guardaré continuamente Tu ley, para siempre y eternamente.*
*Y andaré en libertad, Porque busco Tus preceptos.*
SALMO 119:44-45 NBLA

— Día 50 —

# Piezas importantes

❦

*Y respondiendo el Rey, les dirá:*
*De cierto os digo que en cuanto lo hicisteis a uno de estos*
*mis hermanos más pequeños, a mí lo hicisteis.*
Mateo 25:40

Jesús dirá un día «Tuve hambre», sentado en Su trono glorioso, con todos los pueblos de todas las naciones reunidos ante Él. «Tuve hambre... tuve sed... fui forastero... desnudo... en la cárcel... » (Mateo 25:35-36). ¿Y qué hicimos ante todas esas necesidades, frente a todo ese sufrimiento, con todos los ejemplos de dolor y pérdida en todo el mundo? La frialdad de corazón y la vanagloriada visión de sí mismas que muchas han mantenido se verán mermadas ante las palabras de Cristo: «No me disteis de comer... no me disteis de beber... no me invitasteis a entrar... no me vestisteis... no me visitasteis» (v. 42-43). Era *Él* todo el tiempo, oculto tras el velo de los marginados y desamparados. Podríamos haber hecho algo. *Cualquier cosa.*

Echa un vistazo a tu alrededor: a tu casa y las tareas que hay que hacer, a tu trabajo y las tareas que hay que cumplir, a tu iglesia y el servicio que hay que prestar, a tu comunidad y las necesidades que surgen. En cada uno de estos pequeños círculos, hay algo que un corazón dispuesto y compasivo debe estar dispuesto a aportar. El Señor llama a Sus hijas, dotadas de recursos espirituales y colmadas de Su gracia, más allá de su cómodo círculo de bendición, a espacios donde abundan las necesidades de los demás. Él te está llamando a abrir tu corazón plenamente a Él para que puedas ministrar con mayor compasión a aquellos que Él trae a tu mente, impulsada por tu amor y gratitud por lo que Él ha hecho por ti.

Ningún acto de servicio es demasiado pequeño. Lo poco que hagas importa.

*Cada pieza importa.*

Son como ondas de agua que giran hacia afuera desde una roca salteada. Todo lo que haces tiene un impacto en algún otro lugar que no puedes ver, pero es una parte del gran cuadro que Dios está armando. Puede que tu esfuerzo no aparezca en el periódico. Puede que lo que hagas no garantice el fin total de la pobreza en tu ciudad o que nadie se acueste con frío una noche de invierno. Todas las crisis nunca se resolverán del todo en este mundo cruel y caído. Y, sin embargo, es nuestro privilegio, nuestra alegría, nuestro mandato, extender el amor de Cristo a los demás de una manera tangible y práctica.

Sí, Dios se mueve por todas partes, en refugios para personas sin hogar y centros urbanos, entre niños de la calle y enfermos de sida, con madres solteras y víctimas del tráfico sexual. Pero una de esas «todas partes» son los metros cuadrados en los que tú y tu iglesia local viven, cuidan, ayudan y ministran, así como en tu lugar de oración.

> Todo lo que haces tiene un impacto en algún otro lugar que no puedes ver.

La tuya es una pequeña pieza de un gran rompecabezas que une todos estos esfuerzos globales, y sobrenaturalmente nos conecta a cada una de nosotras en el poderoso nombre de Jesús.

Así que hazlo. Regala. Extiende. Apoya. Sírve. Cuida. Cualquier cosa que Dios te haya dado para hacer, hazlo con todo tu corazón y pasión... porque «aún lo más pequeño» es grande cuando lo haces por Su causa.

*Cualquiera que reciba a este niño en mi nombre, a mí me recibe; y cualquiera que me recibe a mí, recibe al que me envió.*
Lucas 9:48

# - Dios me habla -

Pide al Señor que abra tus ojos a una necesidad dentro de tu esfera de influencia actual. ¿Qué puedes ofrecer hoy para traer bendición y sustento práctico a esa persona o asunto?

_____

_____

_____

_____

_____

_____

_____

_____

_____

_____

_____

_____

*Allí me servirá toda la casa de Israel,*
*toda ella en la tierra; allí los aceptaré.*
Ezequiiel 20:40

*Yo conozco tus obras; he aquí, he puesto delante de ti una puerta
abierta, la cual nadie puede cerrar; porque aunque tienes poca
fuerza, has guardado mi palabra, y no has negado mi nombre.*
APOCALIPSIS 3:8

# Conocido por sus rayas

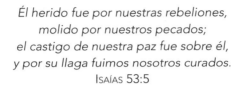

*Él herido fue por nuestras rebeliones,*
*molido por nuestros pecados;*
*el castigo de nuestra paz fue sobre él,*
*y por su llaga fuimos nosotros curados.*
ISAÍAS 53:5

Me han contado que una madre cebra separa a su potrillo de la manada durante un tiempo para que aprenda la forma única de sus rayas. La madre quiere que su cría conozca tan bien los intrincados matices y dibujos de su cuerpo para que nunca la confunda con otro animal del grupo. Cada minuto que pasa despierto en esos primeros días de su vida lo pasa a su lado, familiarizándose íntimamente con las rayas que le pertenecen y a las que debe volver una y otra vez, para protegerse, para su cuidado y para todo lo que necesita.

Nuestro Salvador ha soportado «rayas» por nosotras. Cada latigazo que soportó, cada golpe, cada paliza, cada puñalada contra Su cuerpo, todo fue por nosotras. El peso de nuestro pecado proporcionó el ímpetu y el impulso detrás de cada instrumento que se clavó en Su carne. Nuestra culpa era la gravedad que presionaba Su corazón y hundía Su espíritu. Pero en cada herida estaba el catalizador de nuestra curación. Su sangre pagó nuestra deuda imposible. Esas cicatrices absorbieron nuestra vergüenza y la sustituyeron por Su justicia.

Así que las recordamos; aprendemos de ellas...

*Sus rayas...*

Cuando nos sentamos con Él en momentos de quietud, alejados del ajetreo, de los esfuerzos, de las continuas responsabilidades de nuestras vidas, y simplemente lo vemos tal como es, llegamos a conocer mejor Su amor eterno expresado en los despojos que soportó por nosotras. En estos momentos de tranquilidad, Él nos separa de cualquier cosa o persona que compita por nuestra devoción para que podamos conocerle mejor a Él, a Aquel que nos ama y ha pagado el precio por nosotras. Por eso nos llama para que nos acerquemos, más cerca, aún más... donde ni siquiera el mundo ruidoso y competitivo de las distracciones pueda impedirnos verle a Él y a Sus rayas con toda nuestra atención. Aprender. Recordar. Esas rayas cuentan nuestra historia. Contienen la promesa de nuestra vida. No se parecen a nada que hayamos visto o conocido.

> Estas rayas cuentan nuestra historia. No se parecen a nada que hayamos visto.

En Su presencia somos enseñados, cambiados y sanados... «por Sus rayas».

Momentos como estos no tienen precio, cuando te recuerdan el precio que Él pagó, las heridas que soportó, la sangre que derramó por ti. Estar al tanto de Sus rayas te inspira al arrepentimiento, te recuerda la misericordia y la libertad puestas a tu disposición, sustituye tu desesperación por esperanza, tu desánimo- con un fervor sagrado.

Otros deseos pueden aparecer a lo largo del día, prometiendo que sólo ellos son capaces de proporcionarnos lo que necesitamos. Pero al haber pasado tiempo observando Sus rayas, esos amores no son tan hábiles para engañar o confundir. Los dioses falsos pueden tratar de engañarnos con la existencia superficial que prometen, pero nuestro amor por Él, en respuesta a Su amor generoso por nosotras, será demasiado devota para ser dividida. Sus rayas nos mantienen a salvo y seguras.

Mira de nuevo hoy los rayas que Él sufrió por ti. Estúdialos para que nunca las olvides. Y vuelve aquí una y otra vez para asegurarte de que nunca lo hagas.

*Y conoceremos, y proseguiremos en conocer a Jehová.*
OSEAS 6:3

# - Dios me habla -

Dedica tiempo a adorar a Dios por la profundidad de Su amor, expresado a través del precio que pagó por ti.

_____

_____

_____

_____

_____

_____

_____

_____

_____

_____

_____

*Quien llevó él mismo nuestros pecados en su cuerpo sobre*
*el madero, para que nosotros, estando muertos a los pecados,*
*vivamos a la justicia; y por cuya herida fuisteis sanados.*
1 PEDRO 2:24

_Se introduce una mejor esperanza,_
_mediante la cual nos acercamos a Dios._
HEBREOS 7:19 NBLA

# Por ejemplo

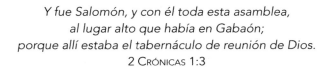

*Y fue Salomón, y con él toda esta asamblea,*
*al lugar alto que había en Gabaón;*
*porque allí estaba el tabernáculo de reunión de Dios.*
2 CRÓNICAS 1:3

El liderazgo no está reservado a los cargos oficiales, institu-cionales, reconocidos por un título y una tarjeta de visita. Si eres una madre, eres una líder. Si interactúas con otros en el trabajo, en la iglesia, o en cualquier lugar donde la gente se reúna para compartir propósitos, tu vida crea un impacto. No importa el asiento que ocupes, si hay otra persona que te busca para que la dirijas, aunque sólo sea una, estás operando desde un asiento de liderazgo.

Por eso, cuando estudiamos y aprendemos de la Palabra de Dios, no sólo debemos buscar cosas que nos hablen a noso-tras como individuos y a nuestras necesidades personales, sino también ideas transformadoras sobre el éxito del liderazgo de los demás. Uno de estos principios procede del inesperado y oscuro escenario de 2 Crónicas, justo al principio del reinado de Salomón. Fíjate bien: no se limitaba a *decir* a la gente lo que tenía que hacer; la *guiaba* en lo que tenía que hacer.

No se limitó a indicarles el camino a Gabaón, sino que fue con ellos. Como rey, Salomón fue un líder de líderes, dándoles instrucciones sobre cómo esperaba que actuaran dentro de sus esferas específicas de influencia.

«Salomón habló a todo Israel», dice el versículo 2, «a los jefes de millares y de centenas y a todos los jefes de todo Israel». No se nos dice exactamente lo que compartió con sus líderes ese día, pero sí sabemos lo que sucedió después: todos fueron a hacer holocaustos al Señor (v. 3)... con Salomón a la cabeza del grupo. No fueron porque los *enviaron*; fueron porque él les indicó el camino. Fueron «con él». Él los llevó allí.

El liderazgo nunca se mide tanto por lo que dices como por la dirección que decides tomar. El ejemplo que das: ¿Vale la pena imitarlo? El rumbo que sigues: ¿Es bueno seguirlo? Preguntas importantes... porque las pautas de responsabilidad y carácter que establezcas (te des cuenta o no) formarán un camino por el que otros caminarán.

> Las pautas que establezcas formarán un camino por el que otros caminarán.

¿Eres un modelo de ética de trabajo diligente? ¿Tus hábitos inspiran a otros a ser fieles y buenos administradores? ¿Una arruga en tu día te hace entrar en pánico y quejarte, o por el contrario, tu ejemplo lleva a la gente a la fe y a la confianza en la capacidad de Dios para resolver los problemas?

Lo que tus hijos ven en ti, lo registran y lo recuerdan. Lo que otros ven modelado en tu vida, lo interiorizan y lo archivan. Así que no te limites a decirles lo que crees que está bien o lo que quieres que hagan. Muéstrales que «andéis como es digno del Señor» (Col. 1:10).

No te limites a enviarlos. Guíalos.

*Ninguno tenga en poco tu juventud, sino sé ejemplo de los creyentes en palabra, conducta, amor, espíritu, fe y pureza.*
1 Timoteo 4:12

# - Dios me habla -

¿Quiénes son algunas de las personas a las que te esfuerzas por imitar en tu vida? ¿Cómo te ha influido su ejemplo? ¿Qué quieres que tu ejemplo diga y establezca para los demás?

_____

_____

_____

_____

_____

_____

_____

_____

_____

_____

_____

_____

*Pues si yo, el Señor y el Maestro,*
*he lavado vuestros pies, vosotros también debéis*
*lavaros los pies los unos a los otros.*
JUAN 13:14

_Lo que aprendisteis y recibisteis y oísteis y visteis en mí,
esto haced; y el Dios de paz estará con vosotros._
FILIPENSES 4:9

# Construido para la abundancia

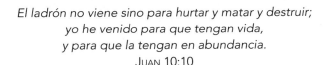

> *El ladrón no viene sino para hurtar y matar y destruir;*
> *yo he venido para que tengan vida,*
> *y para que la tengan en abundancia.*
> JUAN 10:10

Si alguna frase de las Escrituras pretende captar la esencia de lo que debe ser nuestra experiencia con Cristo, *la vida abundante* lo dice mejor que ninguna otra, en trece pequeñas letras llenas de poder.

La mayoría de nosotras creemos en teoría en ella, en la vida abundante, siempre plena y desbordante que Jesús vino a ofrecernos. Creemos que nos está esperando en algún lugar, en algún momento... si pudiéramos superar este bache en el camino. *Si* pudiéramos sentirnos mejor durante un tiempo suficientemente largo. *Si* pudiéramos dejar atrás esta circunstancia, o pagar nuestro coche, o superar esta boda, o encontrar un trabajo estable, o perder el peso con el que estamos luchando. Pensamos que *si* podemos llegar hasta el final de este año y dar la vuelta a la esquina en uno nuevo, estaremos preparadas. Podemos verlo ahí fuera, una vez que no estemos tan atados a lo que hay aquí.

Vida abundante, allá vamos... *si*.

Sin embargo, resulta que la vida abundante no es algo que se experimenta en ausencia de situaciones difíciles y desafiantes. La vida abundante es lo que Jesús te ofrece en medio de ellas. La vida abundante es algo que el Espíritu te permite tener cuando todo lo demás está mal, desordenado o inquieto a tu alrededor. De hecho, éste es el estado en el que mejor se ve y se experimenta Su abundancia.

«El ladrón», el Diablo, se empeña en utilizar las dificultades para «robarte», para «matar y destruir» tu paz y tu confianza, para que estés constantemente esperando la abundancia cuando las cosas cambien. Su táctica siniestra te mantiene enfocada en todo lo que está mal, cegada a tu acceso actual a la abundancia. Y, sin embargo, gracias a Cristo y a tu íntima relación con Él, tu corazón, tu vida entera, puede seguir cautivada por una inexplicable y simultánea esperanza y una estabilidad llena de paz, incluso cuando todo lo demás está desordenado a tu alrededor.

La vida abundante es la sonrisa que se dibuja en la comisura de tus labios cuando Dios llena tu corazón de una paz que va en contra de tu realidad. La vida abundante es la sensación de aventura divina que palpita en tu alma, incluso cuando estás sentada en un cubículo cuadrado y gris haciendo un trabajo que no se acerca ni de lejos a la realidad. Tan pronto como entras en el reservorio disponible, alimentado por el Espíritu, que es una fuente de agua viva que burbujea en tu interior, Él levanta un estandarte de esperanza en tu corazón y en tu mente. Cuando confías en Él, algo llamado vida abundante aparece en medio de la tristeza.

> Tu Dios está aquí. Tu Dios es capaz. Y ha traído consigo vida abundante.

Tu matrimonio puede estar colgando de un hilo, puede que tus finanzas sean un desastre, puede que tu hijo lleve un estilo de vida imprudente y rebelde, puede que tu médico te ha mostrado una radiografía que nunca quisiste ver con tu nombre. Pero tu Dios está aquí. Tu Dios es capaz. Y Él ofrece vida abundante, lista para ser traída a los ritmos regulares de tu vida ahora mismo, aquí y ahora.

Créelo.

Y vive a la luz de ello hoy.

*En tu presencia hay plenitud de gozo;*
*Delicias a tu diestra para siempre.*
Salmo 16:11

# - Dios me habla -

¿Qué evidencias e indicios de «vida abundante» has estado ignorando en medio de tus circunstancias actuales? ¿Cómo sería hoy caminar en la abundancia de Cristo y vivir por Su Espíritu? Pídele al Señor que permita el oleaje de Su vida en tu vida hoy.

_Y por todos los arroyos de Judá correrán las aguas;_
_Brotará un manantial de la casa del Señor._
JOEL 3:18 NBLA

_Él da esfuerzo al cansado,_
_y multiplica las fuerzas al que no tiene ningunas._
Isaías 40:29

# Protección
# durante todo el día

*Porque el mismo Satanás se disfraza como ángel de luz*
2 CORINTIOS 11:14

E l verano es conocido por su sol abrasador, que te recibe con un saludo cálido en cuanto sales a la calle. Pero a veces puede llegar un puñado de nubes blancas, cruzando lentamente el cielo. Y si son lo bastante grandes y juntas, proporcionan lo que parece un dosel de alivio de los efectos marchitadores de la luz solar directa. En estas condiciones, es posible que decidas quedarte en el patio o en la playa un poco más de lo habitual. No aplicar más crema solar. Dejar la visera y las gafas en el interior, pensando que la sombra es suficiente cobertura, una protección fiable contra la sobreexposición.

Sin embargo, esa nubosidad es engañosa. Su escaso filtro no puede contener por completo los efectos de la intensa luz del sol. Puede que su fuerza ultravioleta sea invisible, pero es poderosa y no puede verse mermada por intentos pasajeros de diluir su energía. De hecho, el daño que el sol causa en la piel humana es mayor cuando reina la nubosidad, cuando pensamos que no está trabajando lo suficiente como para preocuparnos, cuando no nos hemos puesto protección solar ni hemos tomado precauciones. Las condiciones exteriores pueden ser más frescas y menos deslumbrantes. Más cómodas, menos preocupantes. Pero los rayos nocivos del sol penetran invisiblemente la gasa de las nubes visibles, y la piel puede chamuscarse y quemarse, dañarse y enfermar. En realidad, el disfraz hace que la acción del sol sea más potente y su calor más nocivo.

No muy diferente de la forma en que Satanás se disfraza... y sus peligros.

Hay días, por supuesto, y ciertos momentos o escenarios en los que ves, percibes y esperas más fácilmente sus rayos fulminantes de tentación. Puedes sentir el calor de sus ardides contra ti, que te oprimen la nuca. Así que tomas precauciones. Te cubres de oración y de las Escrituras, vistiéndote para la ocasión con tu armadura espiritual.

Pero en otras ocasiones, cuando te sientes firme y segura en tu fe y la capa de nubes de los buenos tiempos te ha adormecido, ya no sientes la necesidad de hacer tanta protección proactiva. Tu matrimonio es razonablemente fuerte, tus finanzas estables, tus hijos a salvo, tus propios problemas algo silenciosos por el momento. Así que relajas tu búsqueda de la santidad y la prioridad que das a las cosas espirituales.

> De hecho, el daño solar en la piel humana es más generalizado cuando prevalece la nubosidad.

Pero la cortina de humo de los tiempos felices, incluso de los tiempos normales, oculta el descaro de su estrategia, esperando pillarte desprevenida. Puede que no oigas el tintineo de las armas apuntando en tu dirección. Puede que no creas que la situación requiere tanta preparación y protección. Puede que estés demasiado cansada o demasiado cómoda para preocuparte por estar demasiado vigilante.

Ahí es cuando él te herirá.

Así que hoy, planifica con antelación y lleva provisiones espirituales para mantener sus intenciones a raya. No pases por alto los lugares sombríos e inocuos. Incluso allí, aplícate el protector solar espiritual con toda tu fuerza, para que puedas volver a casa bendecida y creyendo, en lugar de herida y abrumada.

*Sed sobrios, y velad; porque vuestro adversario el diablo, como león rugiente, anda alrededor buscando a quien devorar.*

1 Pedro 5:8

# - Dios me habla -

¿Qué tipo de situaciones te hacen estar menos vigilante y alerta? ¿Qué necesitas poner en práctica para no ser susceptible de ataques furtivos?

_____

_____

_____

_____

_____

_____

_____

_____

_____

_____

_____

_____

*Por tanto, no durmamos como los demás,*
*sino estemos alerta y seamos sobrios.*
1 Tesalonicenses 5:6 NBLA

_Velad y orad, para que no entréis en tentación;_
_el espíritu a la verdad está dispuesto, pero la carne es débil._
MATEO 26:41

— Día 55 —

# Y... ¡Acción!

---

*Y salió Jesús y vio una gran multitud, y tuvo compasión de ellos,*
*porque eran como ovejas que no tenían pastor;*
*y comenzó a enseñarles muchas cosas.*
MARCOS 6:34

Los discípulos no se sentían muy dispuestos a dar la bienvenida a la multitud que los esperaba en la orilla aquel día. Apenas habían recuperado el aliento tras un intenso tiempo de ministerio y todavía estaban muy cansados, probablemente buscando un lugar donde poder descansar. Probablemente esperaban que Jesús les hiciera un favor a todos y despidiera a la multitud necesitada en vez de alargar más el día. Sin embargo, Su respuesta fue la opuesta a lo que naturalmente brotaba dentro de Sus discípulos. Jesús no sólo toleró la presencia de la gente, sino que se acercó a hacia ellos para ayudarlos. «Sintió compasión por ellos».

La compasión es una de las características distintivas de nuestro Dios. La vemos en todas las Escrituras: desde el padre del hijo pródigo que sale corriendo a saludar a su hijo descarriado, hasta Jesús que llora ante la tumba de Su amigo Lázaro antes de resucitar su cuerpo sin vida. Y en este día en particular, rodeado de una multitud tan grande y hambrienta, es lo que le hizo estar dispuesto a dar la bienvenida a la multitud que incluso sus propios discípulos esperaban alejar.

La compasión no es lo mismo que la simpatía. Si bien esta última es un componente básico de la primera, la compasión hace algo más que *sentir*. *Obliga*. Pasa a la *acción*. Cuando la compasión guiada por el Espíritu comienza a agitarse en tu corazón, provoca una respuesta, no sólo un sentimiento de tristeza o lástima. La compasión es lo que llevó al Buen Samaritano, por ejemplo, a

219

detenerse en mitad de su viaje, retrasar sus propios planes y atender las necesidades del hombre herido que había sido golpeado y dado por muerto por unos ladrones errantes. La compasión es estar dispuesto a sufrir molestias. La compasión obliga.

¿Cuándo fue la última vez que sentiste compasión en tu corazón por los problemas que otra persona estaba tratando de resolver, lo suficiente como para acercarse a ella y ayudarla? Tal vez, como los discípulos, a menudo te sientes fatigada por la carga de preocupaciones y responsabilidades que ya estás cargando.

Pero si tú y yo queremos de verdad seguir el ejemplo de Jesús nos adentraremos en cada nuevo día con el radar abierto para ver dónde hay personas que sufren y necesitan ayuda. Veremos la administración de nuestro tiempo como una oportunidad para poner en práctica Su amor. Incluso en medio de nuestro horario rutinario, la compasión nos señalará a una persona que necesita un minuto para hablar, o necesita oración, o necesita el dinero que habíamos traído para comer, o que necesita la sonrisa de un amiga compasiva.

> La compasión es estar dispuesto a sufrir molestias. La compasión obliga.

Pídele al Señor que conmueva tu corazón por lo que conmueve el Suyo, y luego pídele que despierte en ti un sentido de compasión activa que te haga sentir demasiado incómoda como para quedarte de brazos cruzados.

*Tú desde los cielos los oíste;*
*y según tu gran misericordia les enviaste libertadores*
*para que los salvasen de mano de sus enemigos.*
NEHEMÍAS 9:27

# - Dios me habla -

¿Qué necesidades o personas te ha señalado recientemente la compasión? ¿Cómo has respondido?

_____

_____

_____

_____

_____

_____

_____

_____

_____

_____

_____

_____

*Porque Jehová juzgará a su pueblo,*
*Y por amor de sus siervos se arrepentirá.*
Deuteronomio 32:36a

*Vestíos, pues, como escogidos de Dios, santos y amados,*
*de entrañable misericordia, de benignidad, de humildad,*
*de mansedumbre, de paciencia.*
Colosenses 3:12

# Hacia arriba y hacia adelante

---

*Entonces él tuvo temor; y Josafat humilló su rostro*
*para consultar a Jehová, e hizo pregonar ayuno a todo Judá.*
2 CRÓNICAS 20:3

Es probable que sepas cómo se siente estar rodeada de dificultades y problemas por todos lados. Oleada tras oleada,
de un día para otro, te golpean con problemas incesantes
y crecientes. Sabes lo que es sentirte acorralada en todas las
direcciones, sofocada por la pesadez de los problemas de la vida,
cada vez más cansada, y cada vez más temerosa de no poder
superarlos.

Una capa de penurias era suficiente. *¿Pero esto también?*
*¿Ahora?*

La elevada factura de la reparación ya era bastante devastadora. Pero ¿ahora también la pérdida del trabajo?

Los problemas que tienes con tu hijo ya te consumen bastante. Pero *¿ahora también el informe negativo del médico?*

Las nuevas responsabilidades en el trabajo ya son suficientes. *Pero, ¿ahora también aumentan los viajes de negocios de*
*tu cónyuge?*

La traición de tu mejor amigo ya fue bastante desgarradora.
Pero, ¿ahora también te ha pasado por alto otra persona de una
forma hiriente?

Rodeada. Por todos lados.

Así debió sentirse el rey Josafat cuando «los moabitas y los
amonitas, junto con algunos de los meunitas» descendieron como
una fuerza multinacional contra Judá (2 Crón. 20:1, NBLA). No
uno, sino tres ejércitos merodeadores invadiendo su tierra y a su
pueblo, amenazando su seguridad y protección, aterrorizándolos

con inquietantes y preocupantes amenazas, dondequiera que dirigieran su mirada. Es comprensible que el miedo se apoderara de la espina dorsal del rey, que estaba al mando de una ciudad sitiada mientras todo el mundo esperaba de él dirección e inspiración. Pero incluso en una época en la que el compromiso y la lealtad a Dios eran raros, Josafat hizo lo que toda persona que lucha en batallas en múltiples frentes debería hacer. Apartó sus ojos de la oposición, y en su lugar «volvió su atención para buscar al Señor». En lugar de retroceder, esconderse, huir y buscar refugio y escapar, dirigió su atención hacia Dios como su manera de avanzar. Y no se detuvo ahí, sino que pidió a otros que hicieran lo mismo.

> Volvió su atención para buscar al Señor.

Cuando un trauma o una dificultad amenacen tu sensación de calma y capacidad, resiste el impulso de dejar que el miedo te abrume. Aunque es comprensible que sientas miedo (al fin y al cabo, eres humano), tú eliges si te entretienes o sumerges en él y permites que te paralice y te impida avanzar. Calma tu respuesta emocional con un cambio de dirección intencionado.

Concéntrate en Dios, en Sus promesas y en Su poder para luchar en tu favor contra cualquier ejército que amenace tus fronteras, por muy feroz o muy ruidoso que sea y por muchas bases de operaciones desde las que disparen.

La manera de seguir adelante es dirigir tu mirada hacia arriba. Y Él te llevará adelante.

*Echa sobre Jehová tu carga, y él te sustentará;*
*No dejará para siempre caído al justo.*
SALMO 55:22

# - Dios me habla -

¿Qué puedes hacer hoy para enfocar tu atención específica e intencionadamente hacia Dios y apartándola de tus dificultades? ¿Cómo influirá este cambio de enfoque en tus próximos pasos?

_____

_____

_____

_____

_____

_____

_____

_____

_____

_____

_____

_____

*Los ojos de todos esperan en ti,*
*Y tú les das su comida a su tiempo.*
SALMO 145:15

*Humillaos, pues, bajo la poderosa mano de Dios,*
*para que él os exalte cuando fuere tiempo.*
1 Pedro 5:6

# Signos y maravillas

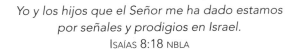

*Yo y los hijos que el Señor me ha dado estamos*
*por señales y prodigios en Israel.*
ISAÍAS 8:18 NBLA

En medio de entregar mensajes proféticos amenzantes a sus compatriotas por su pecado y la apostasía, Isaías echó un vistazo a sus hijos y declaró que estos niños fueron dados como «señales y maravillas». La descendencia del profeta le recordaba la fidelidad generacional de Dios, a pesar del actual estado de apatía espiritual de la nación. Su existencia significaba que el Señor no había terminado con Su pueblo. De hecho, seguía bendiciéndolos, aún dando desde Su corazón hacia ellos, todavía proporcionando un futuro esperanzador.

A pesar de todo lo que habían perdido por su obstinación y rebeldía, Sus promesas y bendiciones seguían vigentes. ¿Cómo lo sabía Isaías?

Porque Dios les estaba dando hijos. Como «señales y maravillas».

Tus hijos no son sólo regalos, sino también señales de las promesas y la fidelidad de Dios hacia ti. Los hijos de los demás también son signos de ello: los que ves caminando con sus padres o abuelos en el parque, en el campo de béisbol o en el centro comercial. Los que enseñas en la escuela pública. Los que te llaman tío o tía. Algunos días, mientras hacemos malabarismos con las tareas cotidianas de criar a los hijos y gestionamos las exigencias que ello conlleva: los platos, el colegio y los deportes y los informes de los libros, perdemos de vista lo que estos niños representan realmente. Cuando están correteando a nuestros pies, o lloriqueando para que les prestemos atención, o ensuciando todo para que lo limpiemos, o exigiendo un recado que no podemos incluir fácilmente en nuestra agenda, no solemos ver a nuestros hijos como lo que son: testimonios vivos y palpitantes de la capacidad milagrosa de Dios. Son «signos y maravillas» de Su naturaleza duradera y renovadora, de Su deseo y capacidad de crear nuevas oportunidades para que se haga Su voluntad, generación tras generación.

El regalo de los hijos significa que Él sigue teniendo buenos planes para nosotras. Al bordarlos en el tejido de tu familia, o simplemente en tu experiencia, la presencia de los niños hace una declaración visible sobre el carácter de Dios: Su gracia, Su grandeza, Su generosidad, Su gloria.

> **El regalo de los hijos significa que Él sigue teniendo buenos planes para nosotras.**

Si dirigiéramos un mundo tan problemático y complicado como el nuestro, seguramente habríamos cerrado toda la operación hace mucho tiempo y la habríamos considerado una causa perdida. Tratar con gente como nosotras sería un terrible y persistente dolor de cabeza que no necesitábamos. Pero Dios, lleno de gracia y misericordia, y siendo un Padre tierno y paciente, declara que no ha terminado con lo que empezó.

Cada nuevo pequeño ser que entra en el paisaje del tiempo y el espacio desde el centro de Su propia mano es prueba de ello: prueba de que Él sigue llevando a Su pueblo hacia un final glorioso y eterno. Así que no hay necesidad de dudar de que Dios todavía puede hacer milagros por ti, no hay necesidad de preocuparse de que Él no esté haciendo algo esperanzador y especial en tu vida. La prueba diaria está delante de tus ojos.

Cada niño es un signo y una maravilla.

*Dejad a los niños venir a mí, y no se lo impidáis;*
*porque de los tales es el reino de Dios.*
Lucas 18:16

# - Dios me habla -

¿Qué otras cosas quizás estás pasando por alto en medio de lo cotidiano? ¿Qué otros símbolos de la verdad y la bondad de Dios están destinados a animarte continuamente?

_____

_____

_____

_____

_____

_____

_____

_____

_____

_____

_____

_____

_____

*Se acordó para siempre de su pacto;*
*De la palabra que mandó para mil generaciones.*
SALMO 105:8

*Deseen como niños recién nacidos, la leche pura de la palabra,
para que por ella crezcan para salvación.*
1 Pedro 2:2 NBLA

# Aviva la llama

---

*Por eso te recomiendo que avives la llama del don de Dios que
recibiste cuando te impuse las manos.*
2 Timoteo 1:6 nvi

U na y otra vez, mi hermano iba y venía de la fogata del
patio trasero al espacioso jardín arbolado que había
detrás de ella, recolectando tipos y tamaños específicos
de ramas de árbol caídas para colocarlas en la cantera ahuecada.
Sus sobrinos miraban fascinados, admirando el varonil arte de
hacer fuego. El dominio de los elementos. Conquistar el frío del
anochecer creando llamas.

A diferencia del fuego artificial de la chimenea de la sala,
este fuego no se encendía y se apagaba con sólo pulsar un inte-
rruptor. No era automático ni casual; requería la rápida combinación de chispas y propano. Esta llama exterior tenía que ser
cuidadosamente elaborada y calculada. Manipulada y cuidada
escrupulosamente. Su resultado dependía de un esfuerzo concentrado e intencionado. Este tipo de fuego no ardería por sí solo.

Porque incendios como estos requieren trabajo.

El apóstol Pablo, mentor, figura paterna, pastor bondadoso,
habló de este tipo de fuego cuando escribió a un joven y ansioso
aprendiz hace casi dos mil años. Había estado examinando el
fuego leído del alma de Timoteo, el potencial que Dios había
depositado en él, la promesa que Pablo había visto de primera
mano. Y susurró un desafío en esas páginas que todavía debería
resonar en los corazones de cualquiera que se atreva a vivir una
vida enérgica al servicio de Dios: *Aviva la llama*, le dijo al joven
Timoteo. *Mantén la llama encendida*. Este mismo fuego está
también en ti, un fuego santo, dado y confiado por Dios a cada

alma que Él ha comprado como Suya: el fuego de Su Espíritu, que emana dones y frutos, una recompensa de la abundancia de Dios. Esta llama está hecha para quemar la impureza, para refinar el tesoro, para producir los tipos de actividad que conllevan la recompensa eterna. Sin embargo, si no se cuida, esta llama mengua y pierde intensidad. No emitirá el calor sagrado que es capaz de generar. Dios te ha dado este fuego, sí, pero la sagrada tarea de mantenerlo avivado te corresponde a ti. Si quieres ver tu vida rugiendo con energía espiritual, debes asociarte con Él para avivarlo en un frenesí. Debes invertir en su continuidad buscando una santa pasión en la oración, profundizando en Su Palabra escrita, rodeándote de aquellos cuyo fervor por Él es contagioso y sincero, y sirviendo a los demás en fiel obediencia a Él.

> La sagrada la tarea de mantenerlo avivado te corresponde a ti.

Hoy es el día. La luz ya está encendida. El Padre te ha dotado de una chispa espiritual digna de servir a Su reino y a Su pueblo.

El trabajo fundamental ya está hecho. Así que cuando veas que se oscurece, empieza a avivarlo. Cuando soplen vientos fríos en los oscuros valles de la dificultad, empieza a avivarlo. No aceptes una brisa brillante cuando sólo basta una llamarada plena. Vuelve a inclinarte sobre esa fogata humeante. Y aviva la llama.

*Ocúpate en estas cosas; permanece en ellas,*
*para que tu aprovechamiento sea manifiesto a todos.*
1 Timoteo 4:15

# - Dios me habla -

¿Cómo puedes saber si tu fuego interno se está apagando? ¿Qué prácticas específicas e intencionadas puedes poner en práctica hoy para avivar la llama?

_____

_____

_____

_____

_____

_____

_____

_____

_____

_____

_____

_____

_____

*Había en mi corazón como un fuego ardiente metido
en mis huesos; traté de sufrirlo, y no pude.*
JEREMÍAS 20:9

*Guardad, pues, con diligencia vuestras almas,*
*para que améis a Jehová vuestro Dios.*
Josué 23:11

# En medio

*Después, toda la comunidad de Israel partió de Elim
y viajó al desierto de Sin, ubicado entre
Elim y el monte Sinaí.*
ÉXODO 16:1, NTV

Elim no es una parada muy conocida en el viaje de los israelitas fuera de Egipto, pero según Éxodo 15:27 (NVI), encontraron «doce manantiales de agua y setenta palmeras» en ese pequeño oasis. La gente pudo acampar allí. Fue un refrescante respiro en lo que ya se había convertido en una sedienta caminata, no mucho después de cruzar el Mar Rojo.

El Sinaí, por supuesto, estaba más adelante, y también sería un lugar lleno de acontecimientos. El Señor les daría allí los Diez Mandamientos y los asombraría con Su poder visiblemente desplegado sobre el monte, fuego, humo, truenos, terremotos, experiencias asombrosas que les mostrarían el innegable poder de su Dios.

Pero «entre» Elim y el Sinaí había un «desierto», un territorio árido y seco que dejaba mucho que desear. Aquí, tendrían que realizar la monótona tarea de avanzar a duras penas bajo un sol abrasador mientras contemplaban interminables hectáreas de vastos páramos. Pero si querían llegar al Sinaí, a las cosas que Dios estaba preparando para ellos en ese momento de su viaje, tendrían que estar dispuestos a atravesar el paisaje que los conducía a él.

El punto intermedio.

Los tiempos intermedios son necesarios. Son el puente entre lo que Él *ha* hecho por ti y lo que se *dispone* a hacer en tu futuro. Es la fase en la que aprendes a acercarte a Él, en la que te enseña a depender de Él para todo, incluso cuando otro camino parece preferible, y ciertamente más placentero.

¿Estás dispuesta a ir allí? ¿Dispuesta a mantenerte comprometida y fiel al viaje cuando no hay nada extraordinario que contar? ¿Dispuesta a seguir adelante cuando no haces más que poner un pie delante del otro, día tras día? ¿Dispuesta a mantener un sentido de santa anticipación, ansiosa por ver lo que Él tiene reservado para ti a continuación, incluso cuando no sientas que estás conectando con Él de la misma manera que lo hacías antes?

¿Estás dispuesta a dedicarte a lo intermedio, incluso cuando te sientas tentada a mirar atrás a las maravillas de «Elim», cuando el movimiento de Dios fluía claramente? ¿Cuando tus tiempos de oración eran ricos y vibrantes? ¿Cuando las disciplinas espirituales no parecían una tarea, un deber, un esfuerzo?

> ¿Estás dispuesta a dedicarte a lo intermedio?

¿Cuando tu entusiasmo por lo que Él estaba haciendo estaba en su punto más alto?

Tal vez en este momento sientas que la voluntad te está dejando seco. El refresco de Elim ya no gotea de tu lengua, ni el pico del Sinaí está en tu línea de visión. El viento cortante y las condiciones polvorientas, el fuerte calor y la baja visibilidad, sólo intensifican tu deseo de lo que desearías que fuera tu vida en este momento. Pero confía en Dios. Cree que si Él te ha colocado en un punto intermedio por ahora, es aquí donde crecerás más cerca de Él y donde estarás mejor preparada para lo que te espera.

El tiempo intermedio no es una pérdida de tiempo. Esta fase de tu viaje merecerá toda tu atención.

Elim fue ayer. Sinaí es mañana. Pero por ahora... *estar* en el medio.

> *Porque os es necesaria la paciencia,*
> *para que habiendo hecho la voluntad de Dios,*
> *obtengáis la promesa.*
> HEBREOS 10:36

# - Dios me habla -

Describe tu actitud y comportamiento habituales durante las estaciones intermedias de la vida. ¿Cómo puedes afrontarlas con fe, confianza, escucha y paciencia renovadas?

_____

_____

_____

_____

_____

_____

_____

_____

_____

_____

_____

_____

_____

*Bienaventurados a los que sufren.*
Santiago 5:11

_Porque las cosas que se escribieron antes, para nuestra enseñanza_
_se escribieron, a fin de que por la paciencia y la consolación de_
_las Escrituras, tengamos esperanza._
Romanos 15:4

— Día 60 —

# No tan tranquilo

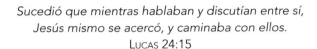

*Sucedió que mientras hablaban y discutían entre sí,
Jesús mismo se acercó, y caminaba con ellos.*
LUCAS 24:15

Quizá «tiempo de tranquilidad» te suene a algo, a cierto estado de ánimo. Por la mañana temprano. Sola. Té caliente. Biblia abierta. Música de alabanza suave de fondo. Por lo demás, dulce silencio.

Y aunque estos momentos son tan maravillosos como pueden serlo, tiempos en los que puedes sentarte y dejar que la Palabra de Dios se derrame en tu espíritu, la vida no siempre se acomoda a este admirable ideal. Las temporadas ocupadas en el trabajo, un virus que afecta a toda la familia, las exigencias fuera de horario de unos padres enfermos... todo ello puede perturbar lo que tú prefieres como tus condiciones favoritas para el tiempo de quietud.

En momentos como éste, la primera inclinación puede ser la de aplazar el encuentro con el Señor hasta que pase el bache, lo que te permitirá volver a la normalidad una vez superada. Pero incluso cuando éste desaparezca, no hay garantía de que no surja otro en su lugar. Esto significa que, si sólo sigues a Dios en momentos paz y calma, es posible que hayas hablado con Él y le hayas escuchado por última vez en mucho tiempo.

Y eso no puede ser.

Cuando las presiones y la incerdumbre de la vida están en su punto más alto, encuéntrate con Él en cualquier lugar que puedas. El Señor puede fortalecer Su Palabra mientras esperas en la fila del colegio, con el motor de tu coche en marcha y tu hijo a punto de llegar en cinco minutos. Él puede escuchar tus cantos de adoración elevándose con el vapor de tu cocina mientras preparas la cena.

Él puede responder a las oraciones en el ascensor entre el vestíbulo de la primera planta y la reunión del consejo de administración de la decimoquinta. Está contigo en *todos los niveles*, igual que cuando estás en casa con las rodillas en *tu propio piso*.

Cuando suene el despertador por la mañana, quédate allí unos minutos y presenta tu cuerpo como un sacrificio vivo, santo y agradable a Él. Luego, a medida que avanza el día, escucha intencionadamente Su voz. Dirige tu atención hacia adentro para ver si los movimientos de Su Espíritu llaman tu atención incluso en medio de tu ajetreo.

> **Podemos encontrarnos con Él incluso en medio de nuestras distracciones.**

Mantén Su Palabra estratégicamente colocada ante ti en los lugares y espacios agitados de la vida: pegada en el tablero de tu coche, al espejo del baño, al fregadero de la cocina y el monitor de la computadora. Pronuncia bendiciones silenciosas a tus hijos mientras los observas practicar o repasar sus tareas.

Jesús era conocido por encontrarse con la gente en medio de la jornada de pesca o mientras viajaba de un pueblo a otro. ¿Quién puede decir que estos escenarios no eran tan memorables para las personas que le oyeron hablar allí como en lugares que parecían más propicios para la conversación espiritual? Sí, necesitamos nuestro tiempo de silencio con Él. Pero también lo necesitamos y podemos encontrarnos con Él incluso en medio de nuestras distracciones, para poder responder y relacionarnos con ellas de un modo que refleje Su vida en nosotras. Si hoy es «uno de esos días», si el tiempo que has dedicado a esta lectura en este momento es realmente todo lo que puedes dedicarle, toma un versículo, toma permiso, y ten certeza de que Él estará tomando tu mano todo el día

*Tomaré la copa de la salvación,*
*e invocaré el nombre de Jehová.*
Salmo 116:13

# - Dios me habla -

Utiliza uno de los versículos de estas páginas, u otro que el Espíritu de Dios te traiga a la mente, para grabarlo y colocarlo en lugares estratégicos donde lo veas y puedas relacionarte con él a lo largo de tu ajetreado día.

_____

_____

_____

_____

_____

_____

_____

_____

_____

_____

_____

*Si tomare las alas del alba*
*Y habitare en el extremo del mar, Aun allí me guiará tu mano,*
*Y me asirá tu diestra.*
Salmo 139:9–10

_Dios es amor; y el que permanece en amor,_
_permanece en Dios, y Dios en él._
1 Juan 4:16

# El aliento del padre

---

*Estoy convencido precisamente de esto:*
*que el que comenzó en ustedes la buena obra,*
*la perfeccionará hasta el día de Cristo Jesús.*
FILIPENSES 1:6, NBLA

Por mucho que se esforzaba, mi hijo no podía extraer suficiente aire de toda su capacidad pulmonar para inflar el pequeño globo rojo.

Mareado por el esfuerzo, se desplomó en una silla con frustración. En ese momento, su padre pasó junto a él y le extendió la mano. Cogió el globo y se puso manos a la obra. Después de estirar cuatro o cinco veces el material de látex, se acercó la abertura a los labios y le dio varios soplidos fuertes, luego la cerró entre dos dedos y le devolvió el globo parcialmente lleno. Nuestro hijo parecía confuso. «¿No vas a terminarlo? Ya lo he intentado y no puedo hacerlo».

«Ahora puedes porque yo lo he puesto en marcha. Puedes ocuparte del resto».

Y así lo hizo, bajo la atenta mirada de su padre, asombrado ahora de que incluso su aliento de niño fuera capaz de agrandar el globo hasta convertirlo en una extensión completa, redondeada y tensa al tacto. Se lo devolvió a su padre para que lo atara por última vez, y el trabajo estaba terminado.

El aliento del padre había roto la barrera de lo imposible. Cuando las tareas de la vida están demasiado apretadas para que nuestros míseros recursos puedan efectuar algún cambio duradero, nos vemos tentadas a recurrir más a nuestro propio esfuerzo. Inhalamos, exhalamos, damos todo lo que tenemos, trabajamos con nuestros contactos, perfeccionamos nuestro currículum, ejercemos nuestra mejor habilidad, invertimos dinero en su éxito, sólo para ser desilucionados.

Señalado con el resultado, nuestro mejor esfuerzo insuficiente.

¿Cuándo aprenderemos a entregar las cosas? ¿Cuándo invocaremos por fin a Aquel cuyo aliento no sólo nos da la vida, sino que es en sí mismo la vida detrás de todo lo que hacemos? Desde lo alto de los cielos, infunde Sus planes para nosotras con la propulsión catalizadora de Su poder divino. Contemplamos atónitos la facilidad con la que pone en marcha las cosas, cosas por las que nos hemos esforzado durante muchos años, con muchas lágrimas en los ojos.

> El aliento del Padre rompe la barrera de lo imposible.

Pero luego nos lo devuelve, asegurándonos que lo que no pudimos hacer entonces, lo podremos hacer ahora porque Él ha iniciado la obra. Y ahora nos capacitará para seguir adelante , completando la obra *a través* de nosotras, permitiéndonos el privilegio de colaborar con Él. Dios sabe que no podemos experimentar la plena alegría y el propósito de lo que Él ha comenzado simplemente recibiendo de Él, pero no participando activamente con Él. De esta manera no obtenemos nuevas fuerzas. No construimos un carácter fuerte de esa manera. Él quiere que veamos nuestra debilidad mezclándose con Su fuerza, haciendo que nuestro trabajo realmente... funcione.

Entonces, cuando hemos hecho todo lo que podemos hacer, no permitimos que nos elogien por lo que sabemos en lo profundo que pertenece a Aquel que comenzó todo esto desde el principio.

Así que se lo devolvemos a Él, dejando que lo selle para toda la eternidad. Él toma nuestro trabajo. Él ata el nudo. Y ya está hecho.

No por nuestra fuerza. No por nuestro poder. Sino por el Espíritu de Dios.

> *Y si el Espíritu de aquel que levantó de los muertos a Jesús mora en vosotros, el que levantó de los muertos a Cristo Jesús vivificará también vuestros cuerpos mortales por su Espíritu que mora en vosotros.*
> Romanos 8:11

# - Dios me habla -

¿En qué has estado trabajando arduamente para lograr, aparte de la iniciación del Espíritu de Dios? Por otro lado, ¿en qué áreas ha soplado Dios, pero has estado demasiado perezosa para colaborar con Él y seguir adelante?

_Por la palabra del Señor fueron hechos los cielos,_
_Y todo su ejército por el aliento de Su boca._
SALMO 33:6, NBLA

Hace soplar Su viento
y el agua corre.
SALMO 147:18 NBLA

# Morir para vivir

❦

*En verdad les digo que si el grano de trigo no cae
en tierra y muere, se queda solo;
pero si muere, produce mucho fruto.*
JUAN 12:24 NBLA

Durante la primavera y el verano, muchas personas acuden a su tienda de ferretería más cercana para comprar plantas, mantillo de pino, muebles de jardín y maquinaria de jardinería con el fin de embellecer sus jardines y espacios exteriores durante los meses cálidos. Si acudimos al final de la temporada de cultivo, es probable que las variedades de plantas y flores sean escasas, ya que los aficionados de la jardinería las han recogido durante el verano.

Sin embargo, no cabe duda de que aún quedan algunos sacos de semillas de césped en el inventario. Todavía allí. Las otras bolsas que los clientes compraron a lo largo del año se habrían transformado hace tiempo en fuertes y sanas alfombras de césped en los barrios de toda la ciudad, creciendo, floreciendo. Pero las semillas que la gente no compró, las que seguían guardadas en bolsas de plástico, apoyadas contra la pared de la tienda, estarían todas duras y sin vida.

Porque las semillas de césped seguirán siendo semillas de hierba hasta que se siembren en la tierra.

Y mueran.

La diferencia está en la *muerte*.

Cuando la semilla de césped entra en la tierra, la combinación de agua, nutrientes, polen y otros procesos naturales del suelo hace que la cáscara exterior de la semilla se desprenda. Se abra. Echen raíces. Brote. Crezca. La cáscara de la semilla muere para que la planta pueda desarrollarse. Si no deja de ser semilla de césped, nunca podrá ser césped.

Seguir a Cristo es una experiencia similar. El *potencial* para florecer está ahí, pero la *experiencia* de ello depende de la muerte. Si no morimos a las cosas viejas para poder producir cosas nuevas, no veremos cambios en nuestra existencia cotidiana. Si como creyentes persistimos en mentalidades y comportamientos mundanos, en cómo pensamos, hablamos, nos reaccionamos y entretenemos, en lo que amamos, deseamos, soñamos y deseamos perseguir, nosotras también nos perderemos las bendiciones frescas y verdes de la transformación. Vivir requiere morir. La abundancia exige ceder y renunciar, entregarse y sacrificarse. «El que ama su vida la pierde», dijo Jesús, mientras que «el que aborrece su vida en este mundo la conserva para la vida eterna» (Juan 12:25, NVI).

> Si no deja de ser semilla de césped, nunca podrá ser césped.

Siempre tenemos la opción de tolerar y aferrarnos a cosas que todo el mundo parece disfrutar sin ningún signo visible de pérdida, culpa o disminución. Pero el tiempo mostrará las consecuencias de aferrarse a esas pequeñas semillas de comodidad, autocomplacencia y autogratificación. Veremos que sólo nos impidieron convertirnos para lo que Dios realmente nos creó. Pero cuando nos soltamos y sembramos nuestra propia vida, damos paso a la nueva vida que Él puede (y quiere) hacer crecer dentro de nosotras y a través de nosotras para Su gloria.

*Si hemos muerto con Cristo,*
*creemos que también viviremos con Él.*
ROMANOS 6:8

# - Dios me habla -

¿Cuáles son algunas de las cáscaras de semillas que aún conservas a tu alrededor, a pesar de las limitaciones que imponen a tu crecimiento espiritual y a tu libertad en Cristo?

_____

_____

_____

_____

_____

_____

_____

_____

_____

_____

_____

*Llevando en el cuerpo siempre por todas partes
la muerte de Jesús, para que también la vida
de Jesús se manifieste en nuestros cuerpos.*
2 CORINTIOS 4:10

_____

_____

_____

_____

_____

_____

_____

_____

_____

_____

_____

_____

_____

_____

_____

_____

*Si vivimos por el Espíritu, andemos también por el Espíritu.*
Gálatas 5:25

# Desatascada

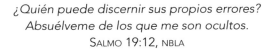

*¿Quién puede discernir sus propios errores?*
*Absuélveme de los que me son ocultos.*
SALMO 19:12, NBLA

Estaba conduciendo en un viaje corto a un evento ministerial, acercándome a una ciudad bastante grande que estaba a mitad de camino de mi destino del día, cuando de repente levanté la vista y me di cuenta de que había cometido un error. Aunque todavía estaba en la autopista correcta, me había desviado accidentalmente hacia el carril HOV, el carril de alta velocidad, reservado sólo para coches ocupados por dos o más personas.

Salir del carril no era una opción inmediata. Los muros de concreto que delimitaban el carril impedían volver fácilmente al flujo principal de tráfico. Para empeorar las cosas, ya podía ver un coche de policía estacionado más adelante, obviamente posicionado para señalar a la gente que, como yo, aprovecha el carril HOV, menos congestionado, para acelerar su tiempo de viaje.

Pensé en pasar por su lado. Tal vez estaría hablando por la radio, haciendo papeleo, sin prestar atención a los coches que pasaban en ese instante. Tal vez no se daría cuenta. Pero decidí no prolongar la agonía. Reduje la velocidad hasta detenerme detrás de él, recogí mis papeles de la guantera y esperé su lenta y acechante llegada.

Cuando se acercó a mi ventanilla y me preguntó qué necesitaba, admití mi culpa: el cambio accidental de carril y mi desconocimiento de esa carretera. Luego señalé a mi alrededor mi evidente falta de pasajeros reglamentarios. Mi corazón latía con fuerza mientras esperaba mi castigo. Pero no llegó ninguno. En lugar de eso, sonrió, me dio las gracias por detenerme y me dijo que le tendiera la mano. La cogió con la suya y me dio una leve palmada en un tono desenfadado y dijo: «Bien, ya puede irse, señora. Tenga cuidado ahí fuera... y manténgase fuera del carril HOV».

El policía era amable y cortés. Y Dios también... porque cuando acabamos en un aprieto sin darnos cuenta, y desde luego sin proponérnoslo nunca, Él responde a nuestro arrepentimiento. Tal vez te has metido en lo que parecía una buena relación, o has estado creando un problema sin saberlo, que ahora se ha manifestado. Y ahora estás amurallado. No puedes soltarte. No querías llegar aquí, *odias* estar aquí, pero... aquí estás. Escucha, no es demasiado tarde. Debido a la abundancia de Su misericordia hacia ti y a la ternura de Su corazón, puedes detenerte ahora mismo. Incluso hoy, incluso después de haber llegado tan lejos en el camino, Él te ofrece perdón y otra oportunidad. Como David, al final del Salmo 19, pide perdón por los «pecados a sabiendas» (v. 13, NVI), los que conoces sino también por los «pecados no conscientes» (v. 12, NVI), esas cosas que ni siquiera detectaste como faltas de buen juicio. Admite que deseas ser «integro» e «inocente» (v. 13).

> Su corazón hacia nosotras es que volvamos al camino.

Tu Padre tomará tu mano, como el amable oficial de policía tomó la mía. Sí, Él te advertirá que no *vuelvas* aquí. Y es posible que tengas que soportar alguna consecuencia. Pero Él te animará a retener la lección que aprendiste. Pero entonces Él extenderá el regalo de la gracia. Otra oportunidad. Otra oportunidad. Su corazón es que vuelvas al camino, que vuelvas a servirle, que vuelvas a emprender fielmente el viaje.

Desatascada.

*Mira mi aflicción, y líbrame,*
*Porque de tu ley no me he olvidado.*
SALMO 119:153

# - Dios me habla -

Si estás atrapada en una de esas situaciones en las que nunca quisiste meterte, ¿estás frenando para recibir Su gracia para un nuevo comienzo? Si no es así, ¿qué te lo impide? Habla con Él sobre eso hoy.

_Ten misericordia de mí, oh Jehová, porque estoy en angustia;_
_Se han consumido de tristeza mis ojos, mi alma también y mi cuerpo._
SALMO 31:9

*Mírame, y ten misericordia de mí,*
*Como acostumbras con los que aman tu nombre.*
SALMO 119:132

# La vida al máximo

***

*Y Dios puede hacer que toda gracia abunde para ustedes,*
*a fin de que teniendo siempre todo lo suficiente en todas*
*las cosas, abunden para toda buena obra.*
2 CORINTIOS 9:8 NBLA

Se puede confiar en nuestro Dios.

Él te concederá hoy el suministro completo que necesitas para sobresalir en Sus propósitos, sin importar cuán variados o prodigiosos sean esas tareas. Cada decisión que necesites tomar, cada tarea que necesites llevar a cabo, cada relación que necesites navegar, cada elemento de la vida diaria que necesites atravesar, Dios ya lo ha emparejado perfectamente con un suministro desbordante de Su gracia.

Y debes creer esto... porque si lo haces o no, afectará directamente tu capacidad de funcionar con este desbordamiento en tu vida diaria. Cuando realmente crees que siempre tendrás todo lo que necesitas, y que debido a Su gracia extravagante nunca te faltará, estarás más dispuesta y serás más capaz de dar libremente de ti misma y de tus recursos, seguro de que Dios siempre repondrá tu suministro.

Las personas que actúan desde una posición de carencia y deficiencia tienden a ser escasas con su tiempo, egoístas con sus recursos y ahorrativas con su energía. Son reacias a sembrar de sí mismas en la vida de los demás, temerosas de no tener suficiente con qué hacerlo o de que, si lo hacen, no les quede suficiente para sí mismas: suficiente tiempo, energía, talento, dinero, habilidad, paciencia.

Pero cuando actuamos así, nuestras tareas y relaciones verdaderamente importantes de la vida, las que prometen bendiciones tanto para nosotras como para los demás, quedan desatendidas y sin hacer. Peor aún, nos perdemos el privilegio de participar plenamente en ellas, y mucho menos de «sobresalir» en ellas. Cuando no sentimos que tenemos la cantidad o el tipo de recursos apropiados, nos replegamos en un caparazón de inseguridad en lugar de estallar con el poder y la provisión de Dios. Por lo tanto, el «trabajo» pierde nuestra contribución. Y nos perdemos las muchas maneras en que nuestra «buena obra» podría tocarnos: el impacto, los recuerdos, las lecciones, las experiencias que Dios está tejiendo para que se conviertan en una parte clave de nuestra historia.

Por eso debemos tener confianza en Su gracia y provisión «desbordantes» y contentarnos con lo que tenemos, porque lo que Él nos ha dado es lo que necesitamos, y lo que Él soberanamente ha *retenido* no es necesario para la realización de la tarea. Si no, Él la habría dado. Todo lo que Él haya dado o no haya dado lo ha hecho por una razón específica, una razón que tal vez sólo Él conozca, pero una razón en la que puedes confiar plenamente, a simple vista.

> Todo lo que Él haya dado o no haya dado, lo ha hecho por una razón específica.

Cuando elijas reconocer esto, confiando plenamente en Su continuo y abundante suministro, serás capaz de comprometerte con la vida de una manera que nunca antes lo habías hecho. Vivirás la vida al máximo.

*Oramos siempre por vosotros, para que nuestro Dios os tenga por dignos de su llamamiento, y cumpla todo propósito de bondad y toda obra de fe con su poder.*
2 TESALONICENSES 1:11

# - Dios me habla -

¿Hay alguna forma en la que te estés comportando desde una postura de carencia y deficiencia? ¿Cómo puedes empezar a invertir proactivamente tu mentalidad y alinearla con la abundancia de Dios?

_____

_____

_____

_____

_____

_____

_____

_____

_____

_____

_____

*Tú diste alegría a mi corazón Mayor que la de ellos*
*cuando abundaba su grano y su mosto.*
Salmo 4:7

*Que hagan bien, que sean ricos en buenas obras,*
*dadivosos, generosos; atesorando para sí buen fundamento*
*para lo por venir, que echen mano de la vida eterna.*
1 Timoteo 6:18–19

# Distinguir la libertad

---✦---

*Pero el Señor Dios le advirtió:*
*Puedes comer libremente del fruto de*
*cualquier árbol del huerto.*
GÉNESIS 2:16 NTV

L a voz de Dios apunta a la libertad. Él quiere que te concentres en la abundancia de vivir dentro de Su sabio y amoroso marco de límites. Él te dice: «¡Tú puedes!»

Incluso cuando Su respuesta es «no», sigue abriendo la posibilidad de una mayor oportunidad y acceso. Él te guía fuera del marco rígido y sofocante de lo legalista, hacia los espacios abiertos de la gracia y la libertad.

Observa lo que Dios dijo a Adán y Eva en Génesis 2:16. Eran «libres» de comer de cualquier árbol que quisieran, con la excepción, por supuesto, «del árbol de la ciencia del bien y del mal» (v. 17). Sólo este árbol estaba prohibido. Pero Sus instrucciones les indicaban claramente la libertad, potencial, oportunidad, posibilidad, de lo que *podían* hacer.

Sin embargo, cuando la serpiente se deslizó en la conversación, distorsionó los mandamientos de Dios de la forma más estratégica y siniestra, un método que aún hoy sigue caracterizando muchas de sus sugerencias hacia nosotras.

«Conque Dios les ha dicho: No comerán...» (Génesis 3:1, NBLA).

No, en realidad no lo hizo. Dios no había dicho «No comerán de ningún árbol del huerto», como alegó la serpiente. Pero el Enemigo quería desesperadamente que Adán y Eva creyeran que lo había dicho... porque la diferencia entre la libertad y la restricción es la diferencia entre la vida y la muerte. Es la diferencia entre la bendición y la pérdida.

La voz del Enemigo siempre acentuará la restricción. Dirá: «No puedes». Manipula la dirección de Dios, torciéndola para que se centre en lo que *no puedes* tener en lugar de en lo que sí puedes. Él ilumina las limitaciones porque sabe que aumentará la atención que le prestas. Quiere incitarte a la tristeza por lo que se te niega, en lugar de a la alegría por todo lo que se ha puesto a tu disposición.

> ## La voz de Dios apunta a la libertad; la voz del Enemigo apunta a la restricción.

El deber y la religión desgastan indebidamente el alma humana. Te agobian y agotan, en lugar de proporcionarte vigor y renovación.

Pero la voz de Dios, llegando clara a ti en virtud de Su relación contigo es otra historia. Su voz apunta a la libertad; la voz del Enemigo apunta a la restricción.

Así que, cuando busques discernir la guía de Dios en la vida, pregúntate: ¿Cuáles de las opciones que estás escuchando apuntan y acentúan hacia la abundancia de todo lo que Él te ha dado para ser y hacer? ¿Cuál está libre de miedo, inseguridad y un sentido de «no puedo»? ¿Cuál te libera y cuál te asfixia?

¿Cuál...te hace libre?

*El cual asimismo nos hizo ministros competentes de un nuevo pacto, no de la letra, sino del espíritu; porque la letra mata, mas el espíritu vivifica.*

2 CORINTIOS 3:6

# - Dios me habla -

¿Cuál es una decisión que estás enfrentando, o tal vez sólo una lucha diaria que estás soportando, donde te estás enfocando en el costo en lugar de la oportunidad? Dedica tiempo a expresar gratitud a tu bondadoso Padre por la libertad que te ha ofrecido en Él.

_Estad, pues, firmes en la libertad con que Cristo nos hizo libres, y no estéis otra vez sujetos al yugo de esclavitud._
GÁLATAS 5:1

_Me ha enviado a predicar buenas nuevas a los abatidos, a vendar
a los quebrantados de corazón, a publicar libertad a los cautivos._
Isaías 61:1

# Brillo toda la noche

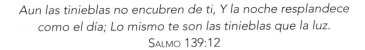

*Aun las tinieblas no encubren de ti, Y la noche resplandece
como el día; Lo mismo te son las tinieblas que la luz.*
SALMO 139:12

En medio del silencio y la hermosa oscuridad del cielo vespertino, en el vuelo entre Londres y Johannesburgo, nuestro avión continuaba su ascenso gradual hacia la altitud de crucero mientras yo me preparaba para una tranquila noche de sueño. Entonces, de repente, sucedió. Atravesamos una espesa capa de nubes y de repente nos vimos bañados por la luz del sol. Lo que unos instantes antes había sido un océano negro de tinta celeste se convirtió instantáneamente en una corriente de luz solar que brillaba en las puntas de las alas del avión y me cegaba a través de la ventanilla abierta con la luz del sol.

Instintivamente levanté una mano para taparme los ojos, apartando la vista mientras mis retinas y mis pupilas recalibraban afanosamente sus ajustes. Fue entonces cuando me fijé en la hora de un reloj digital situado cerca de la parte delantera del avión, que seguía marcando la zona horaria de nuestra ciudad de partida. La ironía de la escena me llevó lentamente al principio, pero luego se aceleró a medida que el Espíritu Santo hacía su trabajo en mi corazón.

*3:48 a.m.* En mitad de la noche. Estábamos a plena luz del sol *aquí*, aunque *allí* eran las horas más oscuras de la noche.

Tan claramente como siempre, oí la voz de Dios susurrando en mi espíritu, recordándome algo que en realidad es una verdad de todas las noches en todo el mundo: «Si dijere: Ciertamente las tinieblas me encubrirán; aun la noche resplandecerá alrededor de mí. Aun las tinieblas no encubren de ti, y la noche resplandece como el día; lo mismo te son las tinieblas que la luz» (Sal. 139: 11-12).

Incluso las horas más oscuras de la noche, y de nuestras vidas, tienen un lado luminoso en Él.

Si la oscuridad te abruma, ya sea por la tragedia o por las dificultades que se extienden ante ti, dejando una mancha devastadora en tu vida, recuerda la Luz brillante que aún resplandece en los momentos más sombríos. Puede que no veas los rayos de Su obra desde esta posición ventajosa, pero un simple cambio de perspectiva revelará el brillo de Su esperanza atravesando las nubes más inquietantes y amenazadoras. Él no deja de ser Dios cuando la vida es dura. Sigue reinando, sigue iluminando, sigue disipando la oscuridad con Su gloria.

> **Incluso las horas más oscuras de la noche, y de nuestras vidas, tienen un lado luminoso en Él.**

Así que centra tu atención en la hora oscura, cuando tus problemas parezcan más pesados, tus preocupaciones más abrumadoras, tus remordimientos más agobiantes, tus heridas más traumatizantes.

Recuérdate a ti misma que aunque aquí sea medianoche, vives bajo las maravillas paradójicas de Su favor y gracia eternos, que nunca dejan de brillar, que ni siquiera las noches más oscuras pueden detener. Aparta tu mirada de lo que te frustra, te asusta y te roba toda tu alegría y confianza, y mira a Aquel a través de quien la Luz traspasa cada decepción. Incluso en tu medianoche, Incluso en las circunstancias más oscuras que puedas imaginar, Él sigue estando presente de manera vívida.

Esa noche, sobrevolando el Continente Oscuro, aprendí que no está oscuro en todas partes a las 3:48 a.m. De hecho, donde vive Dios, no está oscuro nunca. Supongo que la forma de ver esa hora depende de la perspectiva con la que la mires.

*Él revela lo profundo y lo escondido;*
*conoce lo que está en tinieblas, y con él mora la luz.*
DANIEL 2:22

# - Dios me habla -

Registra algunas de las «maravillas paradójicas» de Su continuo, interminable, siempre resplandeciente favor y gracia que
aún experimentas en las noches oscuras de la vida.

_____

_____

_____

_____

_____

_____

_____

_____

_____

_____

_____

_____

_____

*¿Se ocultará alguno, dice Jehová, en escondrijos que yo no lo*
*vea? ¿No lleno yo, dice Jehová, el cielo y la tierra?*
JEREMÍAS 23:24

*La luz brilla en la oscuridad,*
*y la oscuridad jamás podrá apagarla.*
JUAN 1:5 NTV

# Los pormenores de la oración

❧

*Y toda la multitud del pueblo estaba fuera orando a la hora del incienso. Y se le apareció un ángel del Señor.*
LUCAS 1:10–11

Zacarías, un hombre santo y devoto, estaba a punto de recibir la sorpresa de su vida mientras desempeñaba sus deberes sacerdotales en el templo. «Un ángel del Señor se le apareció», declarándole un mensaje sorprendente: Dios había escuchado su oración y estaba dispuesto a responderla. Zacarías y su esposa Elisabet eran ancianos y no tenían hijos. Pero esta pareja, que ya había superado la edad fértil, pronto tendría su primer hijo, que se llamaría Juan, el precursor del Mesías. La vida de Zacarías y Elisabet, en realidad, la vida de todas nosotras, cambiaría para siempre.

Pero uno de los aspectos más interesantes de esta conocida historia es un detalle que se menciona en el versículo 10. Un numeroso grupo de personas velaba «en oración fuera» mientras Zacarías cumplía con sus deberes en el interior, preparando la ofrenda habitual de incienso.

Zacarías estaba sirviendo *dentro*; la gente estaba orando *fuera*.

La mención de esta implicación y mezcla de partes no es una mera coincidencia, una observación insignificante por parte del escritor del Evangelio. Tampoco se pretende reducir este antiguo acontecimiento de la Escritura.

Porque servir importa.

Y porque la oración también importa.

Mientras estés sirviendo *dentro* de tu casa, tu trabajo, tu ministerio, o cualquier lugar donde lleves a cabo tus deberes continuos ante el Señor, necesitas un grupo de personas preocupadas que están *fuera* de esos eventos y lugares. Estas personas te respaldan y te sostienen en tu labor, de la misma manera en que tú tienes el privilegio de hacerlo por ellas cuando están inmersas en sus propias tareas.

Las oraciones de los demás son como una incubadora que ayuda a formar un entorno protector, en el que al Enemigo le resulta más difícil ingresar y perturbarte con sus tentaciones, engaños y distracciones. Las intercesiones sinceras forman un capullo en el que tu atención puede centrarse más plenamente en Él, en la libertad de hacer tu trabajo y en oírle hablarte en medio de él. Las peticiones fervientes de otras personas, amigas o incluso desconocidas, que desean lo mejor para ti, pueden ayudarte a introducir y facilitar muchos momentos santos en tu vida y en tu experiencia.

> ¿Quién está «fuera» orando hoy por ti mientras tú estás aquí dentro?

Lamentablemente, los tiempos modernos han elevado y promovido la autosuficiencia como virtud primordial. Sin embargo, somos más fuertes juntas: cada una hace su parte, uno trabaja mientras otra ora. De este modo logramos el éxito hasta que se inviertan los papeles y rodeemos al que está poniendo sus manos al arado de una tarea específica. Cada una de nosotras necesita la atención fiel, vigilante y servicial de hermanos y hermanas que puedan apoyarnos en la oración mientras nos comprometemos en los proyectos que acompañan nuestras actuales etapas de la vida.

Tanto si te das cuenta como si no, necesitas oraciones por tu seguridad, efectividad, utilidad y apertura en todas las actividades que emprendas. ¿Quién está «fuera» orando hoy por ti mientras tú estás aquí dentro? ¿Has considerado que su trabajo es tan importante y necesario como la tuya?

*Hermanos, oren por nosotros.*
1 Tesalonicenses 5:25 nbla

# - Dios me habla -

¿Quiénes son algunas de las personas que ya te ayudan a incubarte dentro de sus oraciones? ¿Cómo podrías ampliar proactivamente tu círculo de oración? ¿A quién estás siendo diligente para cubrir en oración hoy?

_____

_____

_____

_____

_____

_____

_____

_____

_____

_____

_____

_____

*Velen con toda perseverancia y súplica por todos los santos.*
EFESIOS 6:18 NBLA

_____

_____

_____

_____

_____

_____

_____

_____

_____

_____

_____

_____

_____

_____

_____

_____

_____

_____

_____

_____

*Por lo cual nos gozamos de que seamos nosotros débiles,*
*y que vosotros estéis fuertes;*
*y aun oramos por vuestra perfección.*
2 Corintios 13:9

# No pudieron

---※---

*Viniendo entonces los discípulos a Jesús, aparte, dijeron:*
*¿Por qué nosotros no pudimos echarlo fuera?*
MATEO 17:19

Un padre devastado cayó de rodillas ante el Mesías. Explicó desesperado que su amado hijo estaba terriblemente enfermo, sufriendo convulsiones y ataques de locura epiléptica.

El corazón del padre se rompía por su hijo. Lo que más deseaba, por encima de todo, era verlo gozar de buena salud.

El hecho de que veamos a este hombre frente a Jesús cuando comienza la narración en Mateo 17 nos lleva a creer que comenzó su búsqueda de curación aquí, en este momento, ante el Sanador. Pero Mateo aclara rápidamente el malentendido al relatar lo que este padre lloroso le dijo a Jesús, ya «lo traje a Tus discípulos y ellos no pudieron curarlo» (v. 16, NBLA).

*No pudieron.*

Pero deberían haberlo hecho.

Este padre no sólo estaba desesperado, sino también decepcionado. Su encuentro con los compañeros más cercanos de Jesús había dejado sus preguntas sin respuesta, a su hijo sin sanar, su corazón aún roto. Nada había cambiado, a pesar de que se había encontrado con hombres a los que Jesús había dado «autoridad sobre los espíritus inmundos, para que los echasen fuera, y para sanar toda enfermedad y toda dolencia» (Mateo 10:1). Incluso sin la presencia física del Mesías, los discípulos habían sido facultados para obrar los prodigios del Mesías. Un encuentro con ellos debería haber sido tan fructífero como un encuentro con Él.

En cambio, qué pena... *no pudieron.*

Tú, hija adoptiva, has sido dotada con el Espíritu de Dios. Eres un templo en el que palpitan el poder y la presencia de Dios. Este don no sólo está destinado a permitir la comunión entre tú y tu Padre, sino también a capacitarte para funcionar como Sus manos y pies dentro de tu esfera de influencia. Aquellos que aún no se han encontrado con Él, deben encontrarse con Su poder *a través de ti*. Nunca deben salir de tu presencia en un estado de disonancia espiritual, entristecidos y descontentos de que su encuentro con un seguidor de Jesús no dejó ninguna prueba del poder de Jesús.

> Aquellos que aún no se han encontrado con Él deben encontrar Su poder a través de ti.

Sus preguntas más profundas deben encontrar respuestas con discernimiento.

Sus necesidades prácticas deben encontrar soluciones generosas.

Su corazón dolido debe encontrar compasión empática.

Su alma muerta debe encontrar redención y despertar.

Toda su vida debería ser tocada por lo sobrenatura... a través de ti.

Que nunca haya una sola persona que salga de nuestra presencia diciendo de nosotras, *No pudieron*. Porque por Su Espíritu, podemos. Debemos hacerlo.

Que hoy reconozcas el poder que te ha dado el Dios del cielo para ser la respuesta a la oración de otra persona.

No por tu poder. No por tu fuerza. Sino por el Espíritu de Dios.

*Y nosotros no hemos recibido el espíritu del mundo,*
*sino el Espíritu que proviene de Dios, para que sepamos*
*lo que Dios nos ha concedido.*
1 Corintios 2:12

# - Dios me habla -

¿Hay alguna ocasión durante este día en la que puedes prever tener la oportunidad de ser una demostración del poder y la presencia del Espíritu para los demás? Pídele al Señor que te dé la fe y el valor para llevarlas a cabo.

_____

_____

_____

_____

_____

_____

_____

_____

_____

_____

_____

_____

*Pero recibiréis poder, cuando haya venido*
*sobre vosotros el Espíritu Santo.*
HECHOS 1:8A

En esto conocemos que permanecemos en él,
y él en nosotros, en que nos ha dado de su Espíritu.
1 JUAN 4:13

# Obedecer es mejor

---

*¿Se complace Jehová tanto en los holocaustos y víctimas,*
*como en que se obedezca a las palabras de Jehová?*
*Ciertamente el obedecer es mejor que los sacrificios,*
*y el prestar atención que la grosura de los carneros.*
1 SAMUEL 15:22

Mientras estaba atrapado en el vientre del pez tras no obedecer la llamada misionera de Dios, Jonás prometió al Señor: «Te ofreceré sacrificios y cánticos de gratitud. Cumpliré las promesas que te hice» (Jonás 2:9). Probablemente se refería a las ofrendas de acción de gracias o de paz prescritas en Levítico 7. Y obviamente, no había nada malo en el deseo de Jonás de regresar a Jerusalén y participar en estos rituales ceremoniales que Dios había ordenado a Su pueblo. Después de lo que Jonás había hecho, es alentador que buscara volver a adorar a Dios.

Excepto por una cosa. Dios le había dicho que fuera a Nínive, no a Jerusalén. A pesar de las piadosas intenciones, Jerusalén estaba realmente en la dirección *de Jonás*, no en *la de Dios*. Todas las tortas sin levadura y obleas del mundo, glaseadas con pinceladas de aceite de oliva, enviadas al Señor en solemne y agradecida alabanza y honor, no podían hacer por Jonás lo que sólo su obediencia voluntaria y rendida a la misión original podía lograr. Hacer el bien yendo a Nínive era más importante que enmendarse yendo a Jerusalén.

Siempre que nos encontramos en ese incómodo cruce de caminos en el que se cruzan el pecado y las consecuencias, la respuesta correcta es el arrepentimiento. Pero arrepentirse no significa ir en una buena dirección; significa ir en la dirección de Dios. Y a menudo puede haber una gran diferencia.

A veces, cuando nos encuentran con las manos en la masa en nuestra huida rebelde de Dios, reaccionamos yendo de nuevo a nuestro estudio bíblico de los lunes por la noche. Esta vez con más regularidad. Oramos más. Damos más. Ayunamos durante todo el día los viernes. Nos comprometemos a bendecir siempre cada comida, incluso en público, incluso cuando estamos totalmente solas. Hacemos esas cosas piadosas que nos hacen sentir más espirituales, renovadas, conectadas de nuevo con Dios.

Bien.

Pero Dios busca una relación con nosotras, no una simple reacción religiosa. Prefiere que nos reconciliemos con Él a que simplemente nos comportemos bien para Él. Porque si no reconocemos la diferencia entre las dos cosas, Él sabe que pronto volveremos a las mismas evasiones y evitaciones que habíamos mostrado antes, incluso después de haber dicho que lo sentimos y de haber intentado arreglar las cosas con Él. Podemos ser diferentes, pero no de una manera que marque una diferencia duradera. El diablo nunca está lejos, ni siquiera cuando estás pensando en arrepentirte. Y si no consigue atraerte de nuevo a las comodidades del pecado, es igual de feliz si puede tentarte para que elijas un método más cómodo, incluso más admirable, para evitar la obediencia, algo que *se siente* como arrepentimiento, aunque no sea exactamente lo que Dios te pide que hagas.

> Dios busca una relación con nosotras, no una simple reacción religiosa

¿Hay algún área de tu vida en la que has huido de Dios y ahora buscas restauración? No tranquilices tu conciencia con una letanía de rigurosa actividad religiosa. Sella tu arrepentimiento con un corazón rendido dispuesta a ir en la dirección que Él te pidió que fueras en primer lugar.

*Los sacrificios de Dios son el espíritu quebrantado;*
*Al corazón contrito y humillado no despreciarás tú, oh Dios.*
SALMO 51:17

# - Dios me habla -

¿Qué te ha pedido el Señor que hagas o dejes de hacer? Si has evitado estas directivas, busca el arrepentimiento y renueva hoy tu compromiso de obediencia.

_____

_____

_____

_____

_____

_____

_____

_____

_____

_____

_____

_____

*Porque los hijos de Israel anduvieron por el desierto...*
*por cuanto no obedecieron a la voz de Jehová.*
Josué 5:6

*He aquí que no se ha acortado la mano de Jehová para salvar...*
*pero vuestras iniquidades han hecho división entre vosotros y*
*vuestro Dios, y vuestros pecados han hecho ocultar*
*de vosotros su rostro para no oír.*
ISAÍAS 59:1–2

— Día 70 —

# Desvíos tormentosos

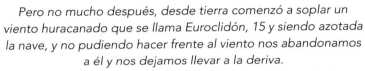

*Pero no mucho después, desde tierra comenzó a soplar un viento huracanado que se llama Euroclidón, 15 y siendo azotada la nave, y no pudiendo hacer frente al viento nos abandonamos a él y nos dejamos llevar a la deriva.*
HECHOS 27:14–15 NBLA

En el siglo I, ningún viaje largo a vela estuvo exento de incidentes, pero el de Pablo y otros prisioneros hacia Roma fue devastador. El viento se levantó en algún momento de la travesía y no cedió, creando semanas de angustiosas turbulencias y heroicos intentos de rescate. Finalmente, en un último esfuerzo por no naufragar en alta mar, encallaron cerca de la isla de Malta, donde nadaron hasta la costa en tablones flotantes y otros trozos de escombros que alguna vez habían sido su embarcación de viaje.

Malta no era su destino original. Pero acabaron en Malta.

Las tormentas a veces te hacen eso: te arrastran a lugares desconocidos, rodeado de gente desconocida.

Pablo y sus acompañantes fueron recibidos por los residentes de la isla. Y pronto descubrió que este inesperado destino de Malta estaba lleno de oportunidades para el ministerio. «El principal hombre de la isla» (Hechos 28:7) tenía un padre que había sido postrado en cama por fiebre y enfermedad. Pablo fue y oró por él, y el hombre recibió sanidad de su condición. «Hecho esto, también los otros que en la isla tenían enfermedades, venían, y eran sanados» (v. 9). Si no hubiera sido por la tormenta, Pablo no habría estado en este lugar para encontrarse con estas personas y ayudarlas.

Pero la soberanía de Dios no había naufragado por la tormenta. Sus planes no se descarrilaron sólo porque los planes de los marineros se habían desviado de su curso. La mano de Dios los había conducido al lugar exacto donde el avivamiento estaba listo para estallar. Y la tormenta fue el instrumento que utilizó para hacerlo.

Piensa en cuánto tiempo llevaban los malteses clamando, suplicando ayuda para sus angustias, orando a sus dioses, quizá preguntándose si existía Dios. No podían saber que la respuesta a sus oraciones se estaba gestando en medio de una tormenta. Porque en el océano, donde Pablo también estaba orando, confiado en que Dios de alguna manera lo llevaría con seguridad a su destino previsto, el Señor lo estaba desviando a este lugar donde tendría el privilegio de ser la respuesta de Dios a las oraciones de alguien más.

¿Estás en una tormenta feroz justo ahora? ¿Estás atenta a los lugares a los que te lleva inesperadamente y a las personas a las que te presenta inesperadamente? La próxima vez que te sientas frustrada o perpleja por el lugar en el que te ha arrojado la última tormenta, ora por la alegría de descubrir que Dios está utilizando esta tormenta para entrecruzar tu vida con la de otra persona, convirtiéndote en parte de la respuesta a su oración, así como Él está respondiendo a la tuya. Ora para que Él te haga lo suficientemente sensible, lo suficientemente perspicaz, y lo suficientemente interesada en otras personas como para darte cuenta cuando Él te está moviendo a la posición de ser una solución solidaria a sus necesidades.

> La soberanía de Dios no había naufragado por la tormenta.

Porque ni siquiera una tormenta puede desviar al pueblo de Dios de ser una parte clave de Sus propósitos.

*Y aunque sea derramado en libación sobre*
*el sacrificio y servicio de vuestra fe,*
*me gozo y regocijo con todos vosotros.*
FILIPENSES 2:17

# - Dios me habla -

¿A qué lugar insólito te ha llevado una tormenta personal?
¿Cuáles fueron algunos de los posibles puntos de contacto
que te proporcionó en la vida de los demás?

_____

_____

_____

_____

_____

_____

_____

_____

_____

_____

_____

_____

*Gozosos en la esperanza; sufridos en la tribulación;*
*constantes en la oración;*
*compartiendo para las necesidades de los santos;*
*practicando la hospitalidad.*
Romanos 12:12–13

*...como entristecidos, mas siempre gozosos;*
*como pobres, mas enriqueciendo a muchos;*
*como no teniendo nada, mas poseyéndolo todo.*
2 Corintios 6:10

# Insólitas señales de vida

---❖---

*Y traeré del cautiverio a mi pueblo Israel, y edificarán ellos
las ciudades asoladas, y las habitarán;
plantarán viñas, y beberán el vino de ellas, y harán huertos,
y comerán el fruto de ellos.*
AMÓS 9:14

El viejo y deslustrado buzón llevaba años sin recibir ni siquiera una oferta de tarjeta de crédito, y mucho menos una nota manuscrita o una alegre tarjeta de cumpleaños. Según todas las apariencias, había sido dejado en pie, oxidándose, con la puerta abierta, desde que sus dueños se mudaron o sucumbieron a la vejez.

Me acerqué a él mientras caminaba por el camino rural, donde se apoyaba en su poste metálico en un ángulo extraño. Primero noté un montón de escombros sueltos en su interior, pero luego un aleteo y un estallido de plumas, cuando un pájaro salió de sus oscuras cavidades con un violento batir de alas. Me sobresalté. No esperaba que *aquello* saliera de algo tan deteriorado. Volví a mirar y descubrí que había un nido, con huevos diminutos rodeados de maleza y palos cuidadosamente colocados.

Este viejo, abandonado y oxidado buzón se había convertido en el nido de una nueva vida.

¿Hay alguna zona oscura y muerta de tu vida que llevas intentando cerrar y dejar atrás desde que tienes uso de razón? Demasiados recuerdos. Demasiado dolor. Un mundo de momentos embarazosos y decisiones que se decepcionaría la gente si lo supiera. Has dejado que este lugar envejezca, se endurezca y se petrifique. No quieres que nadie escarbe ahí dentro, capaz de ver lo abollado y dañado que has estado, cuán desagradable, manchada y deformada. La única manera de manejar esta parte de tu vida, que has decidido, es cerrar la puerta, sellar la abertura, impedir que nadie entre o indague más, y dejar que la oscuridad se encargue de gobernarla y sepultarla... porque nada bueno o esperanzador puede salir de ese lugar.

Pero, ¿qué pasaría si decidieras al menos dejar la puerta abierta, accesible a la posibilidad de la vida en Cristo? Los lugares viejos, oxidados y sin vida de nuestro corazón pueden convertirse en el terreno fértil de oportunidades sorprendentes de belleza y generosidad, rebosantes de vida nueva.

Cuando estamos dispuestas a destaparlos un poco, permitiendo que Dios y Sus propósitos de sanación se involucren, nuestros lugares rotos se convierten en lugares de nacimiento, notablemente capaces de dar a la gente una oleada de aliento, del tipo que puede inspirarles esperanza y confianza en Dios. Su obra en nosotras demuestra el poder vencedor de Dios para reutilizar esas zonas feas para Su gloria. Les ayuda a ver que sus propios recuerdos dañados, sostenidos en Sus cálidas manos, aún pueden contener signos de vida.

> Los recuerdos dañados, sostenidos en Sus cálidas manos, aún pueden contener signos de vida.

¿Y si las áreas que quieres mantener ocultas, creyendo que es la única manera de protegerte de la humillación o la pérdida, son en realidad los lugares donde Dios quiere originar más milagros asombrosos? ¿Qué tal si tus mejores oportunidades para exclamar Su grandeza a otros no vienen de los lugares impecables sino de los oxidados que han recibido un toque fresco de Su Espíritu interior?

Él puede hacerlo en ti... y luego a través de ti.

La vida puede surgir de los lugares más insospechados, si tan sólo te abres de nuevo a Él.

*Hazme oír gozo y alegría,*
*Y se recrearán los huesos que has abatido.*
SALMO 51:8

# - Dios me habla -

¿Cuáles son algunos de los lugares tensos de tu vida que has mantenido encerrados y desatendidos? ¿Cuál es tu verdadero motivo para mantenerlos ocultos? Pasa tiempo en oración pidiéndole a Dios que te dé el valor para abrirle estos lugares de nuevo.

_____

_____

_____

_____

_____

_____

_____

_____

_____

_____

_____

*Daré en el desierto cedros, acacias, arrayanes y olivos; pondré en
la soledad cipreses, pinos y bojes juntamente, para que vean y
conozcan, y adviertan y entiendan todos, que la mano de Jehová
hace esto, y que el Santo de Israel lo creó.*
Isaías 41:19–20

*No moriré, sino que viviré,*
*Y contaré las obras de JAH.*
Salmo 118:17

# Solo una mirada

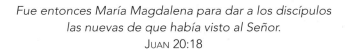

*Fue entonces María Magdalena para dar a los discípulos
las nuevas de que había visto al Señor.*
JUAN 20:18

María Magdalena llegó a la tumba de Jesús por la mañana temprano, «siendo aún oscuro» (Juan 20:1). Sus esperanzas se habían desvanecido. La vida, tal como ella la conocía, había terminado. Lo que encontró, sin embargo, era aún peor que el horror que ya había soportado. La piedra que había sellado la tumba de Jesús había desaparecido. Al parecer, alguien lo había robado. Su cuerpo, ya destrozado por la tortura a la que había sido sometido, parecía estar siendo ahora víctima de indignidades aún mayores.

María lloró. Sintió que se le acumulaba la desesperación. Había visto los horrores de la crucifixión y estaba segura de que no podía ser peor. Y, sin embargo, así fue. Así fue. Así era. El dolor era cada vez más doloroso. La devastación se hacía aún más devastadora. Además de todo lo demás, le habían robado la decencia común de un cierre. La conclusión que había empezado a sacar de la horrible muerte pública de Jesús se le escapaba de las manos.

Nadie sabía ni podía decirle qué había sido de Él. Los ángeles de blanco ropaje, aunque sin duda fueron un shock para sus sentidos, no ofrecieron ninguna respuesta concreta. Tampoco el hombre que parecía ser el jardinero, parado ahí, aparentemente ajeno, le preguntó a quién buscaba.

Pero mientras miraba hacia la desconcertante e imposible distancia, oyó a este misterioso «jardinero» decir simplemente: «María». Sólo había una persona que decia así su nombre. Sólo Uno que la llamara con una cadencia tan hermosa de amor, de perdón, de gracia, y esperanza. Así que «se volvió» (v. 16). Y cuando lo hizo, todo cambió.

Al volverse hacia esa voz, su mirada la puso cara a cara con el resplandor y la belleza de Cristo resucitado. Al cambiar su perspectiva y reorientar su enfoque, todo se revolucionó: su mañana, su perspectiva, su futuro, su vida entera. La desesperación se disolvió en una alegría esperanzada porque «se volvió» de una tumba vacía de decepción a la plena encarnación del Salvador resucitado. A pesar de todo, ahora podía correr a decirles a sus discípulos: «He visto al Señor» (v. 18). «Fijar la mirada en Jesús» no sólo es un inspirador versículo de memoria (Hebreos 12:2). Al acudir a Jesús, podemos liberarnos de nuestro miedo paralizante y de nuestro tormento interior. Al acudir a Jesús, podemos «despojarnos» de todo el peso que llevamos encima: heridas, pecados y todas las presiones acumuladas de la vida.

> «se volvió» y cuando lo hizo, todo cambió.

Al acudir a Jesús, somos capaces de «correr con resistencia» a través de situaciones que a menudo son difíciles pero que, gracias a Él, nunca pueden ser derrotantes. «Los ojos puestos en Jesús» es el antídoto bíblico contra el cansancio, el desánimo, el abandono y el abatimiento (vv. 1-3).

Sea cual sea la dificultad que pueda estar devastándote o desplazándote hoy, vuelve a Jesús. Y encuentra la respuesta de la Resurrección que renueva, restaura y redirige todo el curso de tu vida.

*Gracias doy a mi Dios siempre por vosotros,*
*por la gracia de Dios que os fue dada en Cristo Jesús.*
1 CORINTIOS 1:4

# - Dios me habla -

¿Dónde sueles mirar cuando estás en los momentos más bajos de tu vida? ¿Qué puedes hacer hoy para «volver a Jesús» de forma práctica?

_____

_____

_____

_____

_____

_____

_____

_____

_____

_____

_____

*Pero ahora no vemos aún todas las cosas sujetas a él.*
*Pero vemos a Aquel*
HEBREOS 2:8-9A

*Sino gozaos por cuanto sois participantes de*
*los padecimientos de Cristo, para que también en la revelación*
*de su gloria os gocéis con gran alegría.*
1 Pedro 4:13

# Él tomó nuestro lugar

---

*Y sucedió que cuando el sol ya se había puesto, hubo densas tinieblas, y apareció un horno humeante y una antorcha de fuego que pasó por entre las mitades de los animales.*
GÉNESIS 15:17 NBLA

En la antigüedad, el fundamento de la relación entre dos personas o grupos de personas se establecía mediante un acuerdo vinculante conocido como *pacto*. Por eso, cuando Dios quiso establecer una relación permanente con Su pueblo a través del vínculo que había iniciado con Abram, no se limitó a un intercambio verbal. Utilizó los elementos del pacto que ya estaban presentes y entendidos dentro de la cultura para asegurar a Abram la autenticidad y gravedad de lo que estaba estableciendo.

En aquella época, para sellar un contrato entre dos partes, a veces se mataba a un animal, se cortaba en dos y se colocaba a ambos lados. Entonces, las dos partes del acuerdo caminaban entre los restos desmembrados del animal, una declaración visible de lealtad eterna a la otra parte. La traducción de este acto era clara: si una persona, tribu o nación traicionaba a la otra, sus vidas y familias serían destrozadas, igual que el cadáver del animal.

En Génesis 15:9-10, Abram habría sabido que era responsable de caminar entre los animales partidos por la mitad, pero Dios le hizo caer en un profundo sueño. Y entonces, en una de las teofanías más increíbles de todo el Antiguo Testamento (momentos en los que Dios mismo aparece en una manifestación física), el Señor mismo pasó entre los trozos de animal, representado por una olla humeante de fuego y una antorcha encendida. No sólo hizo Dios Su propia parte en la ceremonia del pacto, también hizo la parte de Abram. *Dios ocupó el lugar de Abram.*

Asumió todo el peso del cumplimiento del pacto sobre Sus propios hombros divinos.

No dependería de Abram mantener intacta su relación con Dios. Simplemente podía confiar en que el Señor sería el guardián del pacto, y se le «acreditaría» a Abram «como justicia» (v. 6). Dios sabía que Él sería el único capaz de cumplir plenamente los términos del acuerdo. Así que en un acto de gracia y misericordia, reclamó el precio de la futura traición de Su pueblo. Y lo que hizo por Abram (Abraham) entonces, lo ha hecho por nosotras ahora a través de Su Hijo. ¡Aleluya!

> En un acto de gracia y misericordia extravagantes, reclamó el precio de la futura traición de Su pueblo.

Mientras estábamos dormidas en nuestras transgresiones y pecados, Jesús pasó por la prueba en nuestro nombre, aceptando tanto la pena por nuestro pecado como la responsabilidad de mantenernos aseguradas con Él en relación. Él ha asumido el costo completo del pacto, y ahora vivimos en las bendiciones de lo que Él vino a lograr.

Conocer el pozo sin fondo de amor y gracia que Él ha concedido a nuestra frágil humanidad debería impulsarnos a un destello de gratitud y a una lealtad continua a lo largo de este día. Y cada día del resto de nuestras vidas.

*Al que no conoció pecado, por nosotros lo hizo pecado,*
*para que nosotros fuésemos hechos justicia de Dios en él.*
2 Corintios 5:21

# - Dios me habla -

Dedica hoy algún tiempo a la adoración, alabando a Aquel que tomó tu lugar.

_Porque si la herencia es por la ley, ya no es por la promesa;_
_pero Dios la concedió a Abraham mediante la promesa._
GÁLATAS 3:18

*Porque por gracia ustedes han sido salvados mediante la fe.*
*Esto no procede de ustedes, sino que es el regalo de Dios y*
*no por obras, para que nadie se jacte.*
EFESIOS 2:8-9 NVI

# Casco puesto

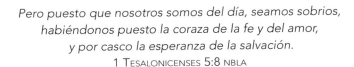

*Pero puesto que nosotros somos del día, seamos sobrios,*
*habiéndonos puesto la coraza de la fe y del amor,*
*y por casco la esperanza de la salvación.*
1 TESALONICENSES 5:8 NBLA

Cuando un jugador de fútbol se quita el casco de la cabeza durante un partido, incluso si se le cae en plena acción, el reglamento exige al jugador sentarse durante una jugada. Si quiere volver al juego, primero debe ir a la banda, comprobar su equipamiento, ajustarse la correa de la barbilla, asegurarse de que no hay nada suelto, recolocarse firmemente el casco y, entonces, podrá volver a participar en la competición. No *antes*. El casco es tan esencial para su seguridad, para su capacidad de realizar cualquier cosa con éxito en el campo de juego, que no puede arriesgarse a tener la cabeza desprotegida ni siquiera durante una sola jugada o parte de una jugada.

El yelmo de la salvación, por supuesto, es aún más esencial. *Mucho* más esencial. Inherente a él están todas las verdades relacionadas a tu identidad espiritual en Cristo, así como la herencia eterna que se te ha dado como hijo de Dios para experimentar y utilizar aquí en la tierra. Tu casco está cargado con las realidades bíblicas que sirven como salvaguardas cruciales mientras atraviesas las difíciles y continuas realidades de cada día.

Tu oponente es astuto. Sus siniestras intenciones, demoníacas. Intentará paralizarte con mentiras y fortalezas que te impedirán alcanzar la meta del destino que Dios te ha dado. Pero con tu casco bien puesto, puedes bloquear sus avances. Cuando él trata de frenarte convenciéndote de que no eres amada, indigna de algo bueno o redentor, es tu yelmo de salvación el que te fortifica con el recordatorio que has sido elegida y adoptada y amada con un amor eterno.

Cuando te sugiere que no estás perdonada, y tal vez que eres imperdonable, tu yelmo de salvación te ayuda a contraatacar con la seguridad de que tus pecados no sólo están cubiertos por la misericordia de Dios, sino que estás libre de todos los cargos condenatorios contra ti, pasados, presentes o futuros, y no puedes ser separado del amor del Padre, ni ahora ni nunca.

Cuando estás sintiendo la fatiga de la batalla espiritual, así como un sentido de comparación e inferioridad hacia otras personas, tu yelmo de salvación te impresiona con la realidad que estáis firmemente arraigada en Jesús, que estás sentada con Él en lugares celestiales y que has sido creada y equipada para dar fruto para Su gloria.

> **El yelmo de la salvación representa todos los objetos de gran valor que son tuyos en Cristo.**

El yelmo de la salvación, bien colocado, representa todos los objetos de gran valor que son tuyos en Cristo. Si limitas tu visión de la salvación a sólo ramificaciones eternas, nunca experimentarás todos los asombrosos beneficios prácticos y actuales que están destinados a ser tuyos. Necesitas Su cobertura total *ahora* para que tu mente no quede expuesta y desprotegida contra las artimañas del Enemigo.

Así que cuando hoy estés en medio de la guerra y te des cuenta de que sus mentiras empiezan a invadir tu territorio, no intentes seguir jugando sin el casco puesto. Tómate un momento para ir a la línea banda y asegurar las realidades de tu salvación en su lugar apropiado. El casco está ahí. Siempre. Listo para protegerte en el fragor de la batalla. No vayas a ninguna parte sin él.

*Pero fiel es el Señor, que os afirmará*
*y guardará del mal.*
2 Tesalonicenses 3:3

# - Dios me habla -

Empieza a llevar una lista de algunos recordatorios bíblicos que confirmen quién eres en Cristo. ¿Qué tan bien ajustado está tu casco de salvación para la acción hoy?

_____

_____

_____

_____

_____

_____

_____

_____

_____

_____

_____

*Por lo demás, hermanos, todo lo que es verdadero,*
*todo lo honesto, todo lo justo, todo lo puro, todo lo amable,*
*todo lo que es de buen nombre; si hay virtud alguna,*
*si algo digno de alabanza, en esto pensad.*
FILIPENSES 4:8

*En él asimismo tuvimos herencia, habiendo sido predestinados conforme al propósito del que hace todas las cosas según el designio de su voluntad.*

Efesios 1:11

# Aligerar la carga

---

*Todas las cosas me son lícitas, mas no todas convienen;*
*todas las cosas me son lícitas,*
*mas yo no me dejaré dominar de ninguna.*
1 Corintios 6:12

Los corredores de maratón son conocidos por su físico atlético, de silueta delgada y cincelada, que atestigua el consumo de muchas verduras de hoja verde, ejercicio intenso y al menos ocho vasos llenos de agua cada día. Y aunque hay algunos maratonianos que rompen el estereotipo de la imagen corporal, ninguno de ellos se desvía de un distintivo claro: su uniforme mientras corren una carrera. Cada uno de ellos lleva un atuendo aireado, ligero y fresco que puede ser diferente en color pero similar en estilo... porque ningún corredor serio quiere verse agobiado por prendas pesadas o artilugios innecesarios. Son sencillos y minimalistas. No quieren nada en su cuerpo que aumente la masa. No quieren que ni la más mínima cosa dé a la gravedad otra oportunidad de trabajar contra ellos mientras empujan hacia la línea de meta de una carrera de 26.2 millas.

Al fin y al cabo, están ahí para ganar.

La vida cristiana es una carrera de fondo que requiere perspectiva, ritmo, moderación y resistencia. Pero para correr bien la carrera y terminar el recorrido con velocidad y agilidad, se requiere algo más de los corredores serios como tú y como yo: la voluntad de «despojarnos de todo peso y del pecado que tan fácilmente nos envuelve» (Hebreos 12:1, NBLA). Este es uno de sus secretos clave para una vida que se vive bien, una carrera que se corre bien: la voluntad de determinar y descartar cualquier interferencia que te esté agobiando en el camino.

Comprueba tu estado para ver si detectas algún peso que te esté haciendo perezosa, quizá incluso te esté obligando a quedarte al margen con demasiada frecuencia para recuperarte del continuo agotamiento. Identifica cualquier capa añadida de pecados que no hayas estado dispuesta a desechar, o simplemente aquellos estorbos innecesarios que no merecen la pena por el costo que supone cargar con ellos. Algunas de estas cosas, descubrirás, son incluso cosas *buenas* -tus acumulaciones y hábitos, preferencias y prioridades, pequeños gustos y lujos. Determina si no están obstaculizando tu libertad de movimiento espiritual. Demasiados compromisos, demasiados desperdicios de tiempo, demasiados fragmentos nostálgicos, mezclados con todas esas pequeñas cosas que haces sin otra razón que la constumbre o porque otras personas las esperan de ti; combinados, estos pueden agotar tu energía, reducir tu ritmo, imponer un estrés innecesario. Esto puede hacer que te preocupes más por tu comodidad que por mantener tu enfoque firme en la línea de meta. «Todo me es lícito», dijo el apóstol Pablo, «mas no todas convienen» (1 Cor. 6:12). La lista de posibles accesorios que podrías llevar contigo mañana tiene el potencial de sobrecargar tu capacidad de tiempo y eliminar cualquier margen necesario para hacer ajustes, aprovechar oportunidades y cambiar de carril más adelante. Esté dispuesta a desprenderte de algunas cosas que sólo conseguirán frenarte. Porque si hay algo que te impide moverte con rapidez en tu vida espiritual, ¿realmente vale la pena seguir usándolo?

La línea de meta está más adelante.

Aligera tu carga y mantén los ojos en el premio.

> «Todo me es lícito», dijo el apóstol Pablo, «mas no todas convienen».

*Quitad los dioses ajenos que hay entre vosotros,*
*y limpiaos, y mudad vuestros vestidos.*
GÉNESIS 35:2

# - Dios me habla -

¿Cómo has sentido que Dios te empuja a renunciar a algo por el bien de tu progreso espiritual? Incluso si es algo que realmente disfrutas y que puedes justificar fácilmente, pídele al Señor que te dé Su valor y audacia para caminar en obediencia.

_Porque mis iniquidades se han agravado sobre mi cabeza;_
_Como carga pesada se han agravado sobre mí._
Salmo 38:4

*La noche está avanzada, y se acerca el día.*
*Desechemos, pues, las obras de las tinieblas,*
*y vistámonos las armas de la luz.*
Romanos 13:12

# Reajustar las expectativas

---✤---

*Porque los que viven conforme a la carne, ponen la mente*
*en las cosas de la carne, pero los que viven*
*conforme al Espíritu, en las cosas del Espíritu.*
ROMANOS 8:5 NBLA

El Domingo de Ramos fue el primer día de una semana de acontecimientos que cambiarían toda la trayectoria de la historia de la humanidad. Jesús descendió del Monte de los Olivos, montado en un joven pollino, hacia Jerusalén, siendo festejado por multitudes que se reunieron para darle la bienvenida como a un héroe en los límites de su ciudad.

Los judíos habían anhelado la salvación de la opresión a la que se habían enfrentado durante siglos: los asirios, los babilonios, los persas, los griegos y ahora los romanos. Las tribus de Israel llevaban incontables generaciones sin conocer un día en el que no estuvieran bajo el yugo de un monstruo imperial. Y aunque muchos judíos no estaban seguros de lo que Jesús representaba cuando apareció en la escena de la historia, creían que Sus objetivos eran los mismos que los de ellos. Si el establecimiento de Su reino significaba la liberación del dominio romano, estaban dispuestos a aceptar y celebrar Su llegada. Mientras Él fuera un medio para conseguir lo que querían, podían pasar por alto muchas otras cosas que tal vez no entendieran de Él. La restauración de Israel a su antiguo estatus de gloria política era su aspiración, y asumieron que también debía ser la de Él.

Y así celebraron su llegada a Jerusalén en aquella Pascua, concibiendo grandes expectativas sobre Su posible gobierno y reinado. Algunos ponían sus túnicas en el camino delante de Jesús, mientras que otros cortaban ramas de palma y las colocaban a Sus pies. Y a lo largo de todo el camino gritaban:

«¡Hosanna al Hijo de David! ¡Bendito el que viene en el nombre del Señor! ¡Hosanna en las alturas!» (Mateo 21:9).

Pero días después, rápidamente descubrieron que Él no había venido a suavizar las relaciones políticas sino a ablandar los corazones espirituales. No había venido a enfrentarse a los funcionarios romanos, sino a los hipócritas religiosos. No había venido a reinstaurar un reino terrenal, sino a instaurar uno celestial, a rescatar de la muerte eterna a los pecadores dolientes. Esta misma multitud que había honrado Su entrada en Jerusalén gritaría «¡Crucifícalo!» cuando se dieron cuenta de que Él no cumpliría sus expectativas porque Su agenda era diferente a la de ellos.

Y normalmente lo sigue siendo.

> Su agenda era diferente a la de ellos. Y normalmente lo sigue siendo.

A menudo existe una disparidad entre las intenciones de nuestro Salvador y nuestras expectativas, y un examen detenido casi siempre revela la razón. Hemos fijado nuestras expectativas de acuerdo con una serie de parámetros basados en la carne, elaborados principalmente en función de nuestros propios intereses y deseos, esperando que Sus prioridades se alineen naturalmente.

Y cuando no es así, a veces nos encontramos entre la multitud airada, más deseosas de acusarlo que por clamarlo.

El Domingo de Ramos nos recuerda lo fácil que es para nosotros celebrar a Jesús, no porque Él sea la verdad, sino debido a nuestra expectativa errónea de que se someterá a la nuestra. Lo que necesitamos es una nueva investigación y un reajuste interno para que nuestras expectativas coincidan con Sus promesas y prioridades. Porque cuando lo hacen, encontramos nuestro lugar en la base de Su cruz, nuestros deseos carnales rendidos, recibiendo toda la liberación de la opresión que podríamos desear o necesitar.

*De ninguna manera; antes bien sea Dios veraz,*
*y todo hombre mentiroso.*
ROMANOS 3:4A

# - Dios me habla -

¿En qué aspectos intentas forzar a Jesús a cumplir compromisos que nunca hizo? ¿Dónde existen las discrepancias entre tus expectativas y las prioridades que Él prometió?

_____

_____

_____

_____

_____

_____

_____

_____

_____

_____

_____

_____

*Jesús entonces, enseñando en el templo, alzó la voz y dijo:*
*A mí me conocéis, y sabéis de dónde soy;*
*y no he venido de mí mismo, pero el que me envió es verdadero,*
*a quien vosotros no conocéis.*
JUAN 7:28

_Huye también de las pasiones juveniles,_
_y sigue la justicia, la fe, el amor y la paz,_
_con los que de corazón limpio invocan al Señor._
2 Timoteo 2:22

# Ora por tu pastor

❦

*Por lo demás, hermanos, orad por nosotros, para que la palabra del Señor corra y sea glorificada, así como lo fue entre vosotros.*
2 TESALONICENSES 3:1

A quellos a quienes el Señor nos ha dado como pastores tienen un gran trabajo entre manos. Estos pastores nos discipulan, animan, consuelan y, (sí) de vez en cuando, nos corrigen.

Ninguna iglesia es perfecta, incluidas aquellas en las que tú y yo adoramos y nos mantenemos en contacto. Con personas como nosotras, nuestros amigos y nuestras familias llenando los bancos cada semana, es comprensible que nuestros pastores enfrenten desafíos considerables al cumplir con sus responsabilidades y equilibrar sus vidas.

Por eso no es de extrañar que Pablo, en casi todas sus cartas, suplicara a las iglesias que había fundado que oraran por él «para que me sea dada palabra al abrir mi boca, a fin de dar a conocer sin temor el misterio del evangelio» (Efesios 6:19, NBLA).

Y si alguien como el apóstol Pablo era consciente de su dependencia de la oración, cuánto más el hombre que está en tu púlpito.

Con demasiada frecuencia, la inclinación de muchas personas es encontrar defectos en su pastor, cuestionar sus decisiones, sentirse menospreciadas por lo que consideran su falta de atención personal. Pero qué gran cambio podría producirse en todos nuestros corazones, y también en los corazones de nuestros pastores, si la gente de la iglesia se tomara en serio elevarlos ante el Señor, pidiendo a Dios que llene sus lugares rotos y necesitados con alegre poder y tierna sensibilidad. Imaginemos el tipo de unidad y apertura y el espíritu sin trabas de adoración y servicio que podría desatarse en una iglesia que ora constantemente y apoya a sus líderes. Qué hermosa es la congregación que se compromete a orar por su pastor.

Así pues, en este día, en el que probablemente tu corazón esté enfocado hacia los numerosos problemas de tu hogar, tu familia y tu trabajo, donde abundan las necesidades personales, tómate un momento para orar deliberadamente por tu pastor y el equipo de liderazgo de tu iglesia. Agradece al Señor por ponerlos aquí y proveer para su trabajo y sus familias. Pídale que anime el corazón de tu pastor hoy, que lo proteja de la tentación, que lo llene con amor por Dios y Su Palabra, y que lo equipe para amar a Su iglesia entrañablemente e instruirla bien.

> Qué hermosa es la congregación que se compromete a orar por su pastor.

Agradece a tu Padre por no dejarte sola en esta batalla diaria, sino por darte líderes que te pastorean y te llevan a Cristo.

Estas almas valientes que han respondido al llamado de Dios para guiarnos, servirnos y caminar a nuestro lado han ofrecido sus hombros a una tarea amplia. Nos están ayudando a conformarnos a la imagen de Cristo. Deberíamos ayudarles a encomendarlos a la protección y al poder de Su Espíritu.

*Exhorto ante todo, a que se hagan rogativas, oraciones, peticiones y acciones de gracias, por todos los hombres.*
1 Timoteo 2:1

# - Dios me habla -

¿Le has preguntado alguna vez a los líderes de tu iglesia cómo puedes orar por ellos? La próxima vez que tengas oportunidad, utiliza este espacio para anotar lo que te digan y para ayudarte a mantenerte fiel en tu oración por ellos.

_...mi casa será llamada casa de oración para todos los pueblos._
_Isaías 56:7_

*Obedeced a vuestros pastores, y sujetaos a ellos;*
*porque ellos velan por vuestras almas,*
*como quienes han de dar cuenta; para que lo hagan con alegría,*
*y no quejándose, porque esto no os es provechoso.*
Hebreos 13:17

# Realidades río arriba

---

*Las aguas que venían de arriba se detuvieron como en un montón bien lejos de la ciudad de Adam...*
JOSUÉ 3:16

Cuando Josué dio la orden a los hijos de Israel de prepararse para cruzar el Jordán, su larga pesadilla nacional parecía haber terminado. Después de décadas de vagabundeo por parte de los antepasados de esta generación, una nueva raza de viajeros estaba a punto de caminar en una milagrosa línea recta hacia la Tierra Prometida.

El pueblo se levantó aquella mañana expectante, trajo consigo a toda su familia y se acercó a la corriente arremolinada del Jordán. Los sacerdotes que llevaban el arca de Dios dieron un paso hacia la orilla este, donde el agua era poco profunda.

Al principio parecía que no pasaba nada. El agua no se dividió inmediatamente delante de ellos, como en el cruce del Mar Rojo. Pero lo que los hijos de Israel no sabían mientras inclinaban el cuello hacia el norte era que, río arriba, Dios ya estaba obrando un milagro en su favor. Aunque toda la fuerza del Jordán seguía desfilando junto a ellos, impidiendo claramente un cruce masivo del río, «las aguas que bajaban de arriba» ya se habían encontrado con la divina represa de la mano de Dios, levantándose en un montón a unas treinta millas de distancia. En ese punto distante, lejos de la vista, el Jordán empezaba ya entonces a convertirse en un cauce seco, mientras que el agua que quedaba por delante seguía escurriendo río abajo.

Dios se movía. Dios estaba haciendo algo, aunque nada en su campo de visión física podía atestiguarlo.

Desde tu punto de vista actual, puede que no seas capaz de ver cómo Dios está llevando a cabo Sus propósitos en tu vida. Te has mojado los pies. Has intentado creer. Pero la vida parece seguir como siempre, ajena a tus oraciones y a la fe que has puesto en la capacidad de Dios para cambiar las cosas. Pero convéncete de que aunque Dios esté trabajando «a gran distancia», está trabajando. No se ha olvidado de ti ni de las promesas que te hizo. No se ha topado con ningún obstáculo que lo impida seguir adelante. La respuesta puede estar lejos de tu vista y puede ser imposible detectar en este momento, pero ten la seguridad de que lapoderosa mano del poder de Dios ya está trabajando en tu favor.

> Aunque Dios esté trabajando «a gran distancia», está trabajando.

Imagina, pues, la alegría que se apoderó de Israel cuando alguien en la parte más al norte del grupo divisó los asombrosos acontecimientos en el río. Los chillidos de alegría y emoción se habrían extendido entre las filas, ya que la palabra prometida que les habían dicho pero que aún no habían visto se estaba convirtiendo de repente en una realidad visible. Con el tiempo, lo verás con tus propios ojos, al igual que los Hebreos lo hicieron cuando las olas restantes, despojadas de su fuente de energía, se vaciaron ante ellos como el agua por el desagüe de una tormenta. Y sabrás que nunca más debes creer lo que sólo te dicen tus ojos. Siempre recordarás que Dios hace las cosas a distancia mientras tú esperas por fe en tu presente.

*A quien amáis sin haberle visto, en quien creyendo,*
*aunque ahora no lo veáis, os alegráis*
*con gozo inefable y glorioso.*
1 PEDRO 1:8

# - Dios me habla -

¿Qué esperas de Dios en este momento? ¿Cómo se ve la fe y la confianza, al saber que Él está indudablemente trabajando para ti «a distancia»?

_____

_____

_____

_____

_____

_____

_____

_____

_____

_____

_____

_____

*Aunque la visión tardará aún por un tiempo,*
*mas se apresura hacia el fin, y no mentirá;*
*aunque tardare, espéralo,*
*porque sin duda vendrá, no tardará.*
HABACUC 2:3

_Esperé yo a Jehová, esperó mi alma;_
_En su palabra he esperado._
Salmo 130:5

Día 79

# Empezar por el principio

---※---

*El temor de Jehová es el principio de la sabiduría,*
*Y el conocimiento del Santísimo es la inteligencia.*
PROVERBIOS 9:10

Más de una docena de veces, Proverbios enfatiza el valor imperativo y los beneficios de temer al Señor. Una y otra vez su autor expresa la inestimable importancia de estimar y dar prioridad a Dios en todos los ámbitos de la vida.

Mientras que algunas figuras de autoridad terrenales pueden hacer mal uso de su poder, aprovechándose e incluso abusando de los que están bajo su cuidado, Dios siempre ejerce Su autoridad de una manera que es congruente con Su carácter de bondad, fidelidad, verdad y amor. La expresión de este hermoso equilibrio nos invita a honrarle sin ansiedad, preocupación o temor de que alguna vez nos manipule o busque hacernos daño. Podemos relajarnos en una amistad eterna con Él porque Él es amor. Él es bueno. Él es fiel. Él es verdadero.

Pero Él es realmente DIOS, una realidad que a veces pasamos por alto a causa de nuestro orgullo y por nuestra cuenta y riesgo. Porque, aunque su inmanencia (cercanía) nos invita a relacionarnos con Él, y le amamos por ello, conlleva el riesgo de insensibilizarnos y cegarnos ante el respeto que le debemos y que Él debería obtener siempre de nosotras. Él fue, es y será siempre trascendente, santo y poderoso, más allá de la humanidad, eternamente digno de nuestra lealtad. Recordar este hecho crítico nos mantiene resistentes a la arrogancia que nos roba los beneficios que sólo provienen de estar en correcta relación con Él.

Temerle combina la reverencia por Su majestad con el respeto por Su poder. Implica un honor agradecido y una estima que produce en nosotras una rápida obediencia y sumisión, junto con la paz, la tranquilidad y la libertad de saber que estamos bien cuidados, verdaderamente en las mejores manos.

Y hace algo más: nos da acceso a las percepciones espirituales que Él desea darnos, reservadas para quienes lo colocan en una posición prioritaria en sus vidas.

Esto es lo que significa temer al Señor.

Y es el punto de partida para el conocimiento que buscas en la comprensión de Sus propósitos y tu vida en conjunción con ellos. Cuando te alineas con la verdad de quién es Dios, Él responde a tu temor sano bendiciéndote no sólo con «conocimiento» y perspicacia espiritual sino con la «sabiduría» necesaria para usarla correctamente.

> Temerle combina la reverencia a Su majestad con el respeto a Su poder.

Si quieres ser guiada por Su Espíritu, ser guiada en Su voluntad, y caminar en la dirección de Sus planes para tu vida, no algún otro itinerario que te hayas inventado en tu cabeza y que te desvía del camino, empieza por con temer al Señor. Si no quieres ser imprudente, descuidada o insensata de corazón, teme a Dios. Si quieres saber lo que Él ha dicho, discernir lo que Él está diciendo, y ser capaz de ponerlo todo en práctica de manera sabia y consistente, teme a Dios.

Estar envueltas en nosotras mismas es el comienzo de la confusión, el fracaso y los callejones sin salida. Pero la voluntad de volver a colocarlo en un lugar de honor realineará todo lo demás en tu vida.

Así que empieza por aquí. Y todo lo demás encajará en su lugar. Todo.

*El temor de Jehová es limpio, que permanece para siempre;*
*Los juicios de Jehová son verdad, todos justos.*
SALMO 19:9

# - Dios me habla -

¿Hay alguna área de tu vida en la que no hayas priorizado a Dios y Su verdad en tu vida? ¿Cómo puedes alinear tus elecciones, perspectivas y comportamientos para honrarlo hoy?

_____

_____

_____

_____

_____

_____

_____

_____

_____

_____

_____

_____

*Solamente temed a Jehová y servidle de verdad*
*con todo vuestro corazón, pues considerad cuán grandes*
*cosas ha hecho por vosotros.*
1 Samuel 12:24

*Y reposará sobre él el Espíritu de Jehová;*
*espíritu de sabiduría y de inteligencia, espíritu de consejo*
*y de poder, espíritu de conocimiento y de temor de Jehová.*
ISAÍAS 11:2

# En espera

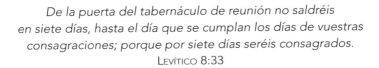

*De la puerta del tabernáculo de reunión no saldréis
en siete días, hasta el día que se cumplan los días de vuestras
consagraciones; porque por siete días seréis consagrados.*
LEVÍTICO 8:33

Cuando sentimos que el Espíritu de Dios nos guía en una dirección nueva como un tipo emocionante de trabajo, ministerio, enfoque o énfasis, solemos estar demasiadas ansiosas por empezar. Las acciones y las oportunidades que nos han estado atrayendo hacia esta intrigante fase de la vida son demasiado tentadoras para que dejemos que se desarrollen natural y gradual. Tendemos a sentir una leve ansiedad al pensar que, de algún modo, nos hemos retrasado en la consecución de nuestro objetivo y tenemos que recuperar el tiempo perdido. Nos sentimos hambrientos de poner nuestras ideas en forma tangible, de la manera en que hemos soñado desde que la posibilidad fue puesta en el tablero de dibujo de nuestras mentes. Sabemos lo que Él ha puesto en nuestros corazones, y por eso queremos que se haga *ya*. Sin demora.

Y, sin embargo, cualquier función o tarea que el Padre nos asigne es, en primer lugar, Su manera de iniciar una nueva obra *en* nosotras. Así que, aunque estemos impacientes por seguir adelante, listas desde el momento en que se seca la tinta o se hace oficial la confirmación, debemos resistir el impulso de eludir el proceso necesario para prepararnos para la obra que Él se dispone a realizar a través de nosotras.

Lo que significa esperar. Confiar. Mientras Él actúa en nosotras. Los sacerdotes que se ordenaban en Levítico 8 debían permanecer dentro de la tienda de reunión durante siete días, esperando que se completara lo que Dios estaba haciendo en sus corazones. El propósito de este rito era consagrarlos para sus deberes sagrados, prepararlos interiormente para el servicio que habían sido llamados a prestar de manera externa. Aquellos que se apresuraron en su preparación, deseando sólo el puesto, no serían capaces de llevar a cabo con éxito los planes de Dios para sus vidas y su llamado a largo plazo. La espera era, y es, esencial para la fructificación y utilidad.

> **Cualquier rol o tarea que el Padre nos haya asignado es principalmente Su manera de iniciar una nueva obra dentro de nosotras.**

Así que incluso cuando Dios te está guiando a una dirección clara, no fuerces tu camino hacia una plataforma para la que todavía no estás preparada. El mejor lugar donde puedes estar mientras esperas Su momento perfecto es al margen, tomándote tiempo para digerir lo que Él te está enseñando, interiorizando las lecciones que te ha estado dando, madurando en la persona íntegra que Él te llama a ser. Sí, los días, semanas o meses en los que esperas, con las piernas colgando al borde de la tarea que Dios te ha asignado, escuchando la señal para sumergirse, pondrá a prueba tu paciencia. Pero esperar hasta que sea el momento oportuno asegura que lo que Dios está haciendo en ti tenga tiempo para funcionar hasta el final.

*Pero si esperamos lo que no vemos,*
*con paciencia lo aguardamos.*
ROMANOS 8:25

# - Dios me habla -

¿Dónde sientes que Dios te está guiando ahora? ¿Cómo puedes someterte al proceso de preparación y participar plenamente en la obra que Él está haciendo en ti?

_____

_____

_____

_____

_____

_____

_____

_____

_____

_____

_____

_____

_____

*Todos ellos esperan en ti,*
*Para que les des su comida a su tiempo.*
*Les das, recogen;*
*Abres tu mano, se sacian de bien.*
SALMO 104:27–28

*Y estando juntos, les mandó que no se fueran de Jerusalén,
sino que esperasen la promesa del Padre,
la cual, les dijo, oísteis de mí.*
HECHOS 1:4

# Reto aceptado

❦

*Vino, pues, palabra de Jehová a mí, diciendo: Antes que te for-
mase en el vientre te conocí, y antes que nacieses te santifiqué,
te di por profeta a las naciones.*
JEREMÍAS 1:4–5

Dios quiere que lo experimentes, no sólo que lo conozcas,
permitiéndote ver Su actividad sobrenatural. Él quiere
mostrarte cómo se ve y se siente verlo a Él llenando los
amplios márgenes que quedan cuando se agotan tus capacidades.

Él quiere desafiarte para mostrarte lo que Él puede hacer
cuando tú no puedes.

Jeremías es un buen ejemplo. Era sólo un joven cuando Dios
lo llamó para ser Su portavoz, y sabía que la tarea era demasiado
grande para él. Tenía miedo de aceptar el desafiante encargo de
Dios. Pero el Señor le respondió: «No digas: "Soy joven", porque
adondequiera que te envíe, irás, y todo lo que te mande, dirás. No
tengas temor ante ellos, porque contigo estoy para librarte» (vv.
7-8). No animaba a Jeremías a ceder a su inseguridad y debilidad,
sino a tener la seguridad de que el poder divino se uniría a él y se
haría cargo de cualquier flaqueza.

Jeremías hizo lo que muchos creyentes modernos no hacen:
creyó a Dios y aceptó el desafío. Dio un paso adelante en obediencia. Proclamó las palabras que Dios puso en su boca a pesar de su
juventud. Le dijo al pueblo de Judá exactamente lo que le sucedería
si no se arrepentía de sus pecados y volvían a Dios: los babilonios
vendrían, destruirían Jerusalén y se llevarían a todos cautivos.

Para ser claros, Jeremías tuvo dificultades a pesar de su obediencia. De hecho, gran parte de las dificultades que enfrentó
fueron a causa de ella. Sufrió más adversidades de las que se creía

capaz de soportar. Sin embargo, Dios le dio, a un hombre tímido por naturaleza, el valor para perseverar ante la dura persecución. Le dio una palabra profética que declarar durante más de cuarenta años y también el favor divino para cumplir la tarea. El Señor hizo entonces por Jeremías lo que sigue haciendo ahora por nosotras: cosas extraordinarias a través de la vida ordinaria de cualquiera que esté dispuesta a aceptar el reto de Su voluntad.

> **Él quiere desafiarte, mostrarte lo que Él puede hacer cuando tú no puedes.**

Esto es siempre lo que hacen las asignaciones del tamaño de Dios: nos ponen en posición de ver Su obra milagrosa operando en nuestros fragilidad. Crean oportunidades para que el poder del Todopoderoso se manifieste a través de nosotras. Y hacen algo más: nos dan la alegría y el extraordinario privilegio de verlo salir de las páginas de la Escritura y manifestarse en las experiencias habituales de nuestra vida diaria.

Dios no ha cambiado Su estrategia después de todos estos años. Él siempre ha deseado equipar a Su pueblo de forma supernatural para tareas desafiantes. Así que cuando surjan estas circunstancias, del tipo que te exigirán y requerirán más de ti de lo que crees que es posible dar, considera que podría ser Dios hablándote antes de descartarlo. Considera que puede ser una invitación que te da la oportunidad de verlo en todo Su esplendor en tu vida. Examina tu interior para ver si el Espíritu Santo te está animando a buscarlo a pesar del desafío que presenta.

Porque si es así, estarás en una mejor posición en este camino desafiante con Su poder y favor a tu lado que en la ruta más fácil y conveniente sin ellos.

*Y la paz de Dios, que sobrepasa todo entendimiento, guardará vuestros corazones y vuestros pensamientos en Cristo Jesús.*
FILIPENSES 4:7

# - Dios me habla -

¿Cuáles son tus respuestas más comunes ante un desafío de Dios? ¿Autoprotección? ¿Miedo? ¿Resistencia? ¿Demora? ¿Y si simplemente lo aceptaras como una oportunidad para experimentar Su presencia de verdad?

_____

_____

_____

_____

_____

_____

_____

_____

_____

_____

*Pero cuando os trajeren para entregaros, no os preocupéis*
*por lo que habéis de decir, ni lo penséis, sino lo que*
*os fuere dado en aquella hora, eso hablad;*
*porque no sois vosotros los que habláis, sino el Espíritu Santo.*
MARCOS 13:11

_El rey dijo a Daniel: El Dios tuyo,_
_a quien tú continuamente sirves, él te libre._
DANIEL 6:16

# Silencio en el frente interno

---

*El joven Samuel servía al Señor en presencia de Elí. La palabra*
*del Señor escaseaba en aquellos días, y las visiones no eran*
*frecuentes... él respondió: «Aquí estoy».*
1 SAMUEL 3:1, 4 NBLA

Todavía me preocupa que Dios no haya hablado con Elí. Si alguien tenía que haber estado escuchando a Dios en aquellos lejanos días de la historia de Israel, ese era Su sumo sacerdote en el lugar santo de Silo. Como levita, Elí provenía de un linaje respetado. Había presidido el culto de Israel durante muchos años. Lo consideraban el mediador entre ellos y Dios, y dependían de él para recibir instrucción espiritual, económica e incluso civil.

Nadie estaba en un lugar mejor y más lógico para escuchar la voz de Dios y guiar al pueblo a seguirlo.

Pero a pesar del linaje de Elí, su título y el respeto de sus electores, toleraba las malas prácticas de sus dos hijos, Ofni y Finees. En lugar de tomarse lo bastante en serio su posición como sacerdote del pueblo y como padre de estos jóvenes como para refrenar sus abusos hacia los que traían sus ofrendas para el sacrificio, hizo caso omiso a su falta de integridad (1 Sam. 3:13). Y por ello, recibió el juicio del Señor.

La historia de Elí nos recuerda que ninguna posición externa o aclamación, ni nuestra edad, ni nuestra reputación, ni siquiera nuestro amplio conocimiento de la Biblia, es una excusa para tolerar el pecado. Lo único que mantiene nuestros corazones sensibles a las obras de Dios y nuestros oídos abiertos a los susurros de Su santidad es la pureza, la humildad, la honestidad y la receptividad.

Pablo explica lo que les sucede a las personas que conocen a Dios pero se niegan a honrarlo con sus vidas a través de la obediencia. «Pues habiendo conocido a Dios, no le glorificaron como a Dios, ni le dieron gracias, sino que se envanecieron en sus razonamientos, y su necio corazón fue entenebrecido. Profesando ser sabios, se hicieron necios» (Rom. 1:21-22).

Creyéndose sabios. Y, sin embargo, necios.

> Mientras otros estaban ocupados pecando, él estaba ocupado obedeciendo a Dios.

Samuel, aunque sólo era un niño, era diferente. Estaba totalmente decidido a hacer lo correcto, y eso se notaba en su forma de vivir. Brillaba como una luz brillante sobre el fondo de la oscuridad que le rodeaba, incluso la oscuridad espiritual que había descendido sobre la casa del sumo sacerdote. Mientras Elí aplicaba mano ligera a su propio pecado y a los pecados de su familia, Samuel vivía con decidida reverencia y recta sumisión hacia el Señor. Mientras otros estaban ocupados pecando, él estaba ocupado obedeciendo a Dios. Y a él, Dios le habló.

Dios no busca personas perfectas. Pero Él está buscando a aquellos que son serios acerca de escuchar Su Palabra y obedecerla, a aquellas que pueden decir sinceramente...

Habla, Señor.

Soy Tu sierva. Te escucho.

*Porque somos hechura suya, creados en Cristo Jesús para buenas obras, las cuales Dios preparó de antemano para que anduviésemos en ellas.*
EFESIOS 2:10

# - Dios me habla -

¿Está el Espíritu trayendo a tu mente un área en la que te has estado resistiendo a Él? No la ignores. Reconócela. Confiésalo. Escucha y responde.

_...vuestros pecados han hecho ocultar de vosotros_
_su rostro para no oír._
ISAÍAS 59:2

_Entonces vino una nube que les hizo sombra, y desde la nube una_
_voz que decía: Este es mi Hijo amado; a él oíd._
Marcos 9:7

# Lecciones de idiomas

---
🐝
---

*El hombre bueno, del buen tesoro de su corazón saca lo bueno;*
*y el hombre malo, del mal tesoro de su corazón saca lo malo;*
*porque de la abundancia del corazón habla la boca.*
LUCAS 6:45

El uso que hace Jesús de la palabra *corazón* significa el ser interior de una persona, el lugar donde se cimentan nuestros pensamientos, actitudes y creencias. El corazón es una reserva, un depósito para todos los pensamientos que hemos almacenado allí, especialmente aquellos a los que hemos permitido solidificarse y hacer de ese lugar su hogar. Es un almacén que contiene la esencia de lo que somos y, debido al vínculo directo del corazón con nuestros hábitos y acciones. Es la imagen de lo que nos estamos convirtiendo.

Si alguna vez no estamos seguras de quiénes somos, todo lo que tenemos que hacer es escucharnos a nosotras mismas... porque nuestras palabras y tonos de voz y temas de conversación nos dirán lo que se esconde en nuestro interior. Al igual que las aguas se desbordan a través de una presa, al igual que los granos de palomitas de maíz chisporrotean en la estufa, el contenido de nuestros corazones inevitablemente empujará y presionará, incapaz de mantenerse contenido, derramándose finalmente en las cosas que decimos. Porque «la boca habla de lo que está lleno el corazón».

Así que debemos ser conscientes de lo que permitimos en nuestro interior.

Este «tesoro», ya sea «bueno» o «malo», es un componente crucial de la vida.

La palabra en el idioma original es el mismo término utilizado para describir los «tesoros» que los magos presentaron a Jesús

(Mateo 2:11). Obviamente, la razón por la que esos tesoros pudieron ser llevados como regalos al Mesías fue porque los magos habían escogido cuidadosamente y los habían metido dentro antes de partir. El oro, la mirra y el incienso habían cabalgado con ellos todo el camino, conservados para poder presentárselos a Jesús. Del mismo modo, la conversación, las reacciones y las expresiones que ofrezcamos a nuestro Salvador serán congruentes con lo que hayamos albergado en nuestro interior. Si queremos que sean igual de bellos y preciosos a los ojos del Señor que los regalos de los magos, debemos tener cuidado con lo que llevamos.

Por lo tanto, cuida tu corazón y no permitas que se endurezca (Prov. 28:14), que sea engañoso (Sal. 12:2), orgulloso (Prov. 21:4) o impuro (Sal. 51:10). Procura, más bien, alimentar un corazón sensible a la inspiración del Espíritu de Dios (Rom. 8:5), entregado a Él de forma exclusiva (Sal. 86:11), lleno de humildad (Prov. 22:4) y puro hasta en los motivos (Mat. 5:8). «Nada hagáis por contienda o por vanagloria; antes bien con humildad, estimando cada uno a los demás como superiores a él mismo; no mirando cada uno por lo suyo propio, sino cada cual también por lo de los otros» (Filipenses 2,3-4).

> No cuides sólo tu boca; cuida tu corazón.

Cuando nuestros corazones están llenos de gratitud y humildad, seguros del amor de Dios, y cuando apreciamos genuinamente el de los que nos rodean, liberaremos un flujo constante de gratitud que refrescará a los demás a través de todo lo que digamos. Vendrá de lo que está arraigado en nuestra caja de tesoros, que nos hemos asegurado de mantener llena con una gran cantidad de cosas buenas.

Así que no cuides sólo tu boca; cuida tu corazón. Y las palabras correctas siempre estarán en tus labios.

*Sobre toda cosa guardada, guarda tu corazón;*
*Porque de él mana la vida.*
PROVERBIOS 4:23

# — Dios me habla —

¿Qué es lo que más has puesto en tu corazón últimamente? ¿Cómo has visto el resultado directo de ello? ¿Qué medidas proactivas puedes poner en práctica para ser consciente de guardar buenos tesoros en tu corazón?

_Sino santificad a Dios el Señor en vuestros corazones, y estad siempre preparados para presentar defensa con mansedumbre y reverencia ante todo el que os demande razón de la esperanza que hay en vosotros._
1 PEDRO 3:15

_Sea vuestra palabra siempre con gracia,
sazonada con sal, para que sepáis cómo
debéis responder a cada uno._
COLOSENSES 4:6

—Día 84—

# En el Ahora

---✿---

*...Pero Tú eres el mismo,*
*Y Tus años no tendrán fin.*
HEBREOS 1:12 NBLA

D ios está eternamente presente en el *ahora*. Todo existe ante Él en un perpetuo tiempo presente. Por eso, a diferencia de nosotras, nada lo toma desprevenido. Él nunca se retrasa ni se demora. Por eso, si en este momento te sientes apurada por una decisión que requiere tu opinión, y tu próximo paso no está arraigado en una profunda confianza de paz interior, esto por sí solo podría ser una indicación de que Dios probablemente aún no ha hablado. Y aunque otras personas o circunstancias puedan estar ejerciendo presión sobre ti para que te muevas con rapidez o declares tus intenciones. Aférrate con valentía a tu creencia de que Dios no tiene necesidad de guiarte de manera precipitada, y que Él te hablará en el momento oportuno con claridad y convicción.

La voz del enemigo coaccionará y forzará, utilizando las tácticas del miedo y la intimidación. Siempre acentuará los errores del pasado y sembrará el miedo sobre lo que pueda pasar en el futuro. La voz de Dios, por otro lado, guía y atrae suavemente, señalando las bendiciones y oportunidades a las que te está invitando hoy.

Gran parte de nuestra frustración a la hora de escuchar a Dios gira en torno a la cuestión del *momento oportuno*. Queremos saber más de lo que Él quiere revelarnos. Y queremos saberlo ahora. Sin embargo, Él nos habla progresivamente, según lo necesitamos, dándonos la luz suficiente para el siguiente paso. Así que debemos confiar en Él hasta que soberanamente determine revelarnos otra capa de Su voluntad y dirección. Y cuando llegue el momento de saber más, lo sabremos. Hasta entonces, las cosas que «Dios nos ha dado gratuitamente» (1 Cor. 2:12, NBLA) son las únicas que necesitamos para la victoria. Estas son las cosas que necesitamos saber *ahora* y de las que tendremos que rendir cuentas *ahora*.

Respira profundamente con el conocimiento de que Sus propósitos han sido específicamente calculados pensando tanto en ti como en Sus grandes designios. Entonces permítete la libertad de sentarte y esperar con una confianza sagrada, segura de que este es el ritmo de Su voluntad para tu vida hoy.

Muchos cristianos, incluso los más activos y diligentes, aunque bien intencionados en su búsqueda de escuchar a Dios, viven vidas tensas y temerosas. Les preocupa de que estén perdiendo «la voluntad de Dios para mi vida». Buscan nerviosamente por todas partes y luego se sienten desanimadas cuando no encuentran las respuestas en el momento oportuno. Incluso con la conciencia tranquila para guiarles, están seguros de que, de alguna manera, están fallando a Dios de forma secreta y sutil, o de lo contrario Él sería más directo y les diría todo lo que quieren saber ahora mismo. Pero si aún no sabes más, es probable que sea porque no necesitas saberlo todavía.

> Él nos habla progresivamente, según lo necesitamos, dándonos la luz suficiente para el siguiente paso.

Comprométete con lo último que le oíste decir a Dios. Esta es Su voluntad.

Y si no tienes algo claro, quédate quieta. No te muevas. Date permiso para esperar, recordando que esperar no es lo mismo que inactividad. Esperar es comprometerse a seguir obedeciendo hasta que Dios hable. Sólo cuando Dios te haya hablado podrás cambiar de dirección. Hasta entonces, como dice el viejo himno... Confía y obedece / Porque no hay otra manera / De ser feliz en Jesús / Que confiar y obedecer.

*Lámpara es a mis pies tu palabra,*
*Y lumbrera a mi camino.*
SALMO 119:105

# — Dios me habla —

¿Cuál es una decisión actual (o próxima) que te hace sentir la presión del tiempo para responder a ella? ¿Cuáles son los elementos de la guía de Dios que ya conoces, y cómo estás respondiendo obedientemente a ellos?

_____

_____

_____

_____

_____

_____

_____

_____

_____

_____

*Porque aún un poquito,*
*Y el que ha de venir vendrá, y no tardará.*
*Mas el justo vivirá por fe;*
*Y si retrocediere, no agradará a mi alma.*
Hebreos 10:37–38

_Todo tiene su tiempo,_
_y todo lo que se quiere debajo del cielo tiene su hora._
Eclesiastés 3:1

338

# Incluso esa cosa

---

*Por nada estéis afanosos, sino sean conocidas vuestras peticiones delante de Dios en toda oración y ruego, con acción de gracias.*
FILIPENSES 4:6

La actividad de Dios no se limita a lo espectacular y asombroso. Él hace una multitud de cosas que nunca aparecen en los titulares ni producen aplausos. Algunas de Sus obras, me atrevería a decir, algunas de Sus *mejores* obras, se llevan a cabo en los días más ordinarios, en los lugares y formas más ordinarios, con personas ordinarias. Como nosotras.

La tendencia de la humanidad es poner a Dios en nuestra caja teológica autoestablecida en la que esperamos que quepa cómodamente, una caja que no da cabida a lo sobrenatural y asombroso... porque es demasiado grande. Pero a veces la caja que hemos elegido no deja espacio para que Él trabaje en la rutina y lo ordinario. *Eso* es demasiado pequeño.

Sin embargo, una caja de Dios sigue siendo una caja de Dios, independientemente de dónde la sitúes en tu fe. Limitar nuestra visión de Él a lo estupendo no es realmente diferente de limitar nuestra visión de Él a lo monótono. Él no existe sólo en la estratosfera de la necesidad extravagante. Su capacidad desciende hasta el suelo, hasta los lugares en los que vivimos los días normales de la semana mientras trabajamos, jugamos, comemos y nos ocupamos de las realidades ordinarias.

De ninguna manera esta comprensión lo minimiza a una fracción trivial de lo que Él es. De hecho, magnifica la naturaleza detallada y bondadosa de Su carácter. El mismo Dios que dividió el Mar Rojo es el mismo Dios que conoce la pérdida de un gorrión solitario caído y se toma el tiempo de contar los cabellos de nuestras cabezas (Mateo 10:29-30). Él sabe cuando Sus hijos están en grave agonía, así como sabe y se preocupa cuando simplemente ha ha sido una de esas mañanas realmente largas. Nada escapa a Su atención. Nada es demasiado pequeño para evitar Su atención. Todo le importa.

Al destacar Su atención a los detalles rutinarios, la Escritura contrarresta una mentira que nos resulta tan fácil de creer: que Dios puede haber sido lo suficientemente amoroso como para enviar a Su Hijo a morir por nosotras, ocupándose de nuestras cosas *más importante*, pero que no está muy interesado en ocuparse de nuestras cosas pequeñas, de nuestras cosas cotidianas, de nuestras cosas demasiado pequeñas como para mencionarlas. Sin embargo, «El que no escatimó ni a su propio Hijo, sino que lo entregó por todos nosotros, ¿cómo no nos dará también con él todas las cosas?». (Romanos 8:32).

Hay una amplitud en la capacidad de Dios que cubre todo lo que nos concierne. «Él perdona todas tus iniquidades y sana todas tus dolencias» (Salmo 103:3). Invita a «todos los que estáis trabajados y cargados» a experimentar Su descanso (Mateo 11:28). Dice que Su misericordia «seguirán todos los días de mi vida» (Salmo 23:6), y que si buscamos Su reino por encima de cualquier otro deseo, «todas estas cosas» nos serán dadas (Mateo 6:33), provisión completa, comida y ropa, amor y refugio, toda necesidad.

> Una caja de Dios sigue siendo una caja de Dios, independientemente de dónde la sitúes en tu fe.

El que te está salvando del infierno también está dispuesto y es capaz de salvar lo que queda de tus nervios y de tu semana laboral. Porque incluso en la letra pequeña de las Escrituras, podemos rastrear el cuidado detallado y la preocupación de nuestro Dios por todo lo que enfrentamos.

Incluso esa cosa.

La cosa mundana.

La cosa ordinaria.

La cosa pequeña.

*Jehová cumplirá su propósito en mí;*
*Tu misericordia, oh Jehová, es para siempre...*
SALMO 138:8

# — Dios me habla —

¿Cuáles son esas cosas que normalmente no le mencionas a Dios en tus oraciones porque las consideras demasiado insignificantes? Hoy, confía en Él de manera específica incluso para esas cosas.

_Dad gracias en todo, porque esta es la voluntad de Dios para con vosotros en Cristo Jesús._
1 Tesalonicenses 5:18

_Él cuenta el número de las estrellas;_
_A todas ellas llama por sus nombres._
SALMO 147:4

# Encuentros desesperados

---✿---

*Mas si desde allí buscares a Jehová tu Dios, lo hallarás,*
*si lo buscares de todo tu corazón y de toda tu alma.*
DEUTERONOMIO 4:29

Circulaba la noticia de que Jesús pasaría un día por Jericó, y un pequeño recaudador de impuestos llamado Zaqueo quería verlo. Desesperado, el hombre se subió a un árbol para no perderse lo que su corazón esperaba contemplar. Jesús lo vio allí, encaramado al árbol, y lo llamó mientras pasaba: «Zaqueo, date prisa, desciende, porque hoy es necesario que pose yo en tu casa» (Lucas 19:5).

Bartimeo, un hombre marginado y ciego, también sentía pasión por «ver» a Jesús. Sentado en su puesto habitual de mendigo, oyó el alboroto de la gente que llegaba entusiasmada a la ciudad con la esperanza de ver al desconocido que, según decían, era el Mesías. Cuando Bartimeo oyó que era Jesús el que pasaba, gritó: «¡Jesús, Hijo de David, ten misericordia de mí!». (Lucas 18:38), tan fuerte que avergonzó a los demás habitantes del pueblo, que querían dar a Jesús una bienvenida digna. Pero su insistencia llegó a oídos del Salvador viajero, y un mendigo ciego recobró la vista. En el Antiguo Testamento, cuando Dios puso a prueba a los viajeros israelitas, amenazando con abandonarlos en el desierto tras su adoración de un becerro de oro, fue la desesperación de Moisés al suplicarle: «Si tu presencia no ha de ir conmigo, no nos saques aquí» (Éxodo 33:15), lo que impulso la presencia continua de Dios entre el pueblo. Moisés no quería la Tierra Prometida sin el Dador de Promesas. Y en respuesta a la desesperación de Su siervo, Dios dijo: «También haré esto que has hablado, por cuanto has hallado gracia ante Mis ojos y te he conocido por tu nombre» (v. 17, NBLA).

Él deslumbró a Moisés con Su gloria en la hendidura de la roca, con más de Su presencia visible que nadie había visto antes. Quizá lo que más nos falta hoy en día es lo que tenían estas tres personas: una desesperación santa.

Claramente, Dios responde. Quiere que nuestra relación con Él sea nuestra pasión principal, lo que pensamos, lo que hablamos, lo que constantemente anhelamos y por lo que estamos dispuestas a hacer cualquier cosa, porque Él sabe que una vez que hayamos experimentado Su presencia manifiesta, nuestros deseos serán aún mayores.

> Quiere que nuestra relación con Él sea nuestra pasión principal.

Aquellos en las Escrituras que no permitieron que los obstáculos se convirtieran en excusas para no buscarlo, ni se echaron atrás ante la desaprobación de los demás por sus descaradas peticiones de misericordia, ni se rindieron ante la desesperación de la demora, sino que se aferraron a Él para salvar su vida: recibieron lo que Dios estaba obviamente dispuesto a darles. ¿Te preguntas qué está dispuesta a *darte* si le buscas con más desesperación? ¿Más apasionadamente? ¿Más plenamente?

*Clama a mí, y yo te responderé,*
*y te enseñaré cosas grandes y ocultas que tú no conoces.*
JEREMÍAS 33:3

# — Dios me habla —

¿Cómo describirían las personas que conocen a Dios como su principal pasión?

_____

_____

_____

_____

_____

_____

_____

_____

_____

_____

_____

_____

_____

*Y ciertamente, aun estimo todas las cosas como pérdida
por la excelencia del conocimiento de Cristo Jesús, mi Señor...*
FILIPENSES 3:8

*Bienaventurados los que ahora tenéis hambre, porque seréis saciados. Bienaventurados los que ahora lloráis, porque reiréis.*

Lucas 6:21

# Que llueva

---·↟·---

*...vendrá a nosotros como la lluvia,*
*como la lluvia tardía y temprana a la tierra.*
OSEAS 6:3

L as nubes ya estaban densas y oscuras cuando salí de casa esa mañana. Sin desanimarme, intenté salir a correr antes de que llegara el mal tiempo. Y mientras observaba aquellas nubes cargadas que se cernían en el horizonte, listas para estallar en cualquier momento con un chaparrón purificador que empararía, refrescaría y renovaría la tierra, me sentí impulsada a orar.

Llamada por el Espíritu de Dios, pedí que Su presencia se posara en mi vida como esas nubes, que se abriera para que la compuerta del cielo pudiera dispensar todas las bendiciones y promesas que Él quiere dar. Entre respiraciones, le pedí a Dios que permitiera que Su gloria lloviera sobre mí justo cuando la lluvia estaba a punto de caer sobre nuestro vecindario. Y de repente, el chorro inmediato de un aguacero reventó. No hubo rociadas tentativas preparándose para la tormenta. De repente, los cielos se abrieron. Instintivamente corrí hacia casa, cubriéndome la cabeza lo mejor que pude mientras corría hacia el calor de un refugio.

Sin embargo, mientras corría, el Espíritu me habló de nuevo, sorprendiéndome por lo conmovedor del pensamiento. *Esto es lo que hace Mi pueblo, parecía decirme. Oran para que llueva y, cuando llueve a cántaros, regresan corriendo al lugar de donde vinieron.*

Qué cierto es eso. Queremos que Dios se mueva. Se lo suplicamos. Oramos con audacia para que el manto de la complacencia desaparezca de nuestros corazones, para que se abran las ventanas del cielo. Oramos para que despliegue Su gloria y Su poder en nosotras y a través de nosotras. Esperamos ansiosas Sus maravillas en nuestro día a día, sin querer conformarnos con una religión obediente. Pero si Su aparición llega inesperadamente, causándonos un poco de incomodidad, sacándonos de los surcos familiares donde nos acomodamos al ritmo seguro y constante de nuestras disciplinas espirituales, nos sentimos inquietas y fuera de lugar. Nos refugiamos en lugar de entregarnos al derramamiento de Su Espíritu que Él ha decidido liberar soberanamente. Este tipo de despliegue no era exactamente lo que teniamos en mente cuando pedimos más de Él. Queríamos tener más control del momento, poder regular la cantidad de impacto, apagarlo cuando pensáramos que ya habíamos tenido suficiente.

Mi corazón se aceleraba con convicción mientras corría. Así que, aún cerca de mi casa, me detuve en la acera aunque la lluvia seguía golpeando ruidosamente. Me paré bajo el cielo, abrí los brazos de par en par y giré la cabeza hacia arriba, hacia las gotas de lluvia que caían. Luego, con Su Palabra ardiendo como un fuego rugiente dentro de mí, empecé a orar una oración que me gustaría que oraras conmigo ahora mismo.

> **Perdóname por correr siempre a las comodidades familiares que me alejan de ti.**

«Señor, que llueva. Y cuando llueva, dame el valor para permanecer bajo el cielo con los brazos extendidos hacia Tu obra. Haz que esté dispuesta a ir adonde Tú me lleves, aunque el camino sea incómodo o desconocido. Derriba cualquier obstáculo creado por el hombre que me impida verte plenamente. Abre mi corazón para recibir cualquier cosa que me acerque a Ti. Permíteme ser empapada por Tu Espíritu... y perdóname por correr siempre a las comodidades familiares que me alejan de Ti».

Envía la lluvia, Señor.

Estamos de pie. Esperando. Observando.

*¿No volverás a darnos vida,*
*Para que tu pueblo se regocije en ti?*
SALMO 85:6

# — Dios me habla —

No tengas miedo de orar para que llueva. ¿Qué harás cuando empiece a caer la lluvia?

_____

_____

_____

_____

_____

_____

_____

_____

_____

_____

_____

_____

_____

_____

*Porque la tierra que bebe la lluvia que muchas veces cae sobre
ella, y produce hierba provechosa a aquellos por los cuales es
labrada, recibe bendición de Dios.*
HEBREOS 6:7

*He aquí que yo hago cosa nueva; pronto saldrá a luz;*
*¿no la conoceréis? Otra vez abriré camino en el desierto,*
*y ríos en la soledad.*
Isaías 43:19

# Dios sabe

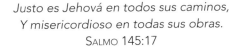

*Justo es Jehová en todos sus caminos,*
*Y misericordioso en todas sus obras.*
SALMO 145:17

El tumor sigue ahí.
Tu familia sigue en crisis.
La iglesia sigue sin pastor. Tu hijo o hija sigue sin encontrar trabajo.

Una cosa es creer que Dios es capaz de hacer lo que desee. Él es Dios. Tú lo sabes. Pero otra cosa muy distinta es creer que Él está dispuesto y es capaz de hacerlo *por ti.*

No importa cómo queramos que sea nuestra relación con Dios y Sus acciones hacia nosotras, siempre se reducirá a una cuestión de confianza: confiar en que Él es capaz, y confiar en que Su bondad hacia nosotras lo hace estar dispuesto, en Su infinita sabiduría, a hacer lo que es mejor para nosotras. Él puede ver más allá de lo que nosotras podemos ver, y puede amarnos sin explicarnos por qué Su amor tiene que ser *así* en ese momento.

Por favor, escuchen la siguiente declaración con la delicadeza que pretendo: Que Dios decida o no hacer algo es una cuestión de Su *soberanía*, no de Su capacidad. Si lo hará o no es asunto *Suyo*. Pero creer que *puede hacerlo* es asunto *nuestro*.

Tú y yo, que a menudo nos centramos en la gravedad y pesadez de nuestros problemas, no tenemos ni idea de la actividad que Dios está orquestando en nuestras vidas, por no mencionar los rescates protectores que ya ha llevado a cabo. Puede que te haya curado de enfermedades que ni siquiera sabías que tenías. Puede que haya rectificado circunstancias en tu favor antes de que te dieras cuenta de que tenías un problema.

¿Te has preguntado qué ha hecho Dios por ti hoy sin siquiera decírtelo? ¿Sólo porque te ama?

Según las Escrituras, Aquel que es «justo en todos Sus caminos» es también «bondadoso en todas Sus obras». Y aunque Él puede permitir que en tu vida ocurran cosas que a primera vista no son buenas, Su Palabra promete que todas las cosas son para tu bien en Cristo (Romanos 8:28). Su corazón rebosa de compasión y afecto por ti. Él te llama la «niña» de Sus ojos (Salmo 17:8), y te ama tanto que alza Su voz para cantar cánticos sobre ti (Sofonías 3:17). Tú eres Su «amada» (Romanos 9:25), y Su «estandarte» sobre ti es «amor» (Cantares 2:4). Él está constantemente produciendo los mejores resultados en tus circunstancias, aunque Sus métodos puedan desafiar la comprensión humana.

> ¿Te has preguntado qué ha hecho Dios hoy por ti hoy sin ni siquiera decírtelo?

Sólo porque no puedas verlo ni sentirlo ni explicar cómo este último acontecimiento es una clara muestra de Su bondad hacia ti sólo significa una cosa: no que Él es incapaz, sino que Su amor soberano está actuando ahora mismo de alguna otra manera. Y a medida que estés dispuesta a confiar en esta verdad, te colocará en la posición más receptiva de todas para verlo trabajar... para ver todo lo que Él es capaz de hacer.

*Después volverán los hijos de Israel,*
*y buscarán a Jehová su Dios, y a David su rey;*
*y temerán a Jehová y a su bondad en el fin de los días.*
Oseas 3:5

# — Dios me habla —

¿Cómo ha mostrado Dios Su bondad en formas que no eran visibles inicialmente en el pasado, pero que se hicieron evidentes más tarde? ¿Cómo te puede ayudar esta perspectiva en tus momentos difíciles de comprensión en el presente?

_____

_____

_____

_____

_____

_____

_____

_____

_____

_____

_____

_____

_____

*Clemente es Jehová, y justo;*
*Sí, misericordioso es nuestro Dios.*
Salmo 116:5

*Y el alma del sacerdote satisfaré con abundancia,*
*y mi pueblo será saciado de mi bien, dice Jehová.*
JEREMÍAS 31:14

# La Cumbre y más allá

❧

*Y a Aquel que es poderoso para hacer todas las cosas mucho
más abundantemente de lo que pedimos o entendemos,
según el poder que actúa en nosotros,
a él sea gloria en la iglesia en Cristo Jesús por todas las edades,
por los siglos de los siglos. Amén.*
EFESIOS 3:20-21

Leer el libro de Efesios es como escalar un monte. Un capítulo, dos capítulos, tres capítulos: cada uno se apoya en el otro, declarando en prosa poderosa las riquezas indescriptibles que nuestro Padre amoroso y lleno de gracia otorga libremente a todos los que creen en Cristo. Entonces, justo cuando crees que has leído todas las bendiciones importantes que un Dios santo podría conceder a pecadores inmerecidos como nosotras, llegas a la cumbre que te quita el aliento a mitad del libro: la realidad de vivir en esta tierra en íntima relación con Aquel «que es poderoso para hacer mucho más abundantemente de lo que pedimos o pensamos».

Continuando en el capítulo cuatro, te preparas para tu descenso desde esta doxología, excepto que aparece una palabra que abre nuevas vistas que sólo los que están en el pináculo pueden ver. Promete que en Él hay alturas más altas que contemplar. Tal es la abundancia inherente a la palabra «Por tanto... ».

Al fin y al cabo, la última parte de Efesios no es un descenso. En realidad, es una descripción intensa y hermosa de todos los tesoros que la preceden. Revela cómo, basándose en lo que nuestro Dios sin límites ha hecho para redimirnos, equiparnos y acercarse a nosotras, ahora estamos facultadas para «que andéis como es digno de la vocación» que hemos recibido en Cristo Jesús (Efesios 4:1). Ahora podemos ser legítimamente personas pacientes y amables, afectuosas y tolerantes, completamente en paz y satisfechas con la vida (4:2-5). Podemos servir a los demás de manera que se cumplan los propósitos de Dios y se produzca unidad y fruto espiritual en el proceso (4:11-16). Podemos controlar nuestra ira, ser honradas, perdonar de verdad y ser en privado la misma persona pura y recta que decimos ser en público (4:25-32). Podemos renovar el amor en nuestros matrimonios, transformando nuestra relación en una que honre a Dios en todos los sentidos (5:22-33). Podemos criar a nuestros hijos con responsabilidad, realizar todo nuestro trabajo con diligencia e integridad, y tratar a los demás con ternura y comprensión desde un corazón de carácter en crecimiento (6:1-8).

Todas estas cosas pueden ser nuestras cuando empezamos a poner a trabajar el poder que hay en nosotras.

> Mucho de lo que puedes estar pidiendo a Dios que cambie en ti hoy, Él ya ha comenzado a transformarlo.

Mucho de lo que puedes estar pidiendo a Dios que cambie en ti hoy, Él ya ha comenzado a transformarlo. La llave que abre estas respuestas y resultados está en Él. Y puesto que Él ya está en ti por Su Espíritu, ya no necesitas tratar los síntomas, parchear las áreas problemáticas, disfrazar las cosas y seguir delante de la mejor manera que sepas. Sólo necesitas comenzar a operar en el poder que Él te ha concedido como Su hija, y entonces estarás en camino de ser testigo del crecimiento constante de la transformación espiritual que has estado luchando tanto por generar tú misma.

Para eso está el «por lo tanto», para mostrarte el potencial que tienes ahora, infundido por el Espíritu a través de Cristo para llegar a ser la persona que Él te creó para que fueras. Para prepararte a «ser fuerte en el Señor y en su gran poder» (6:10, NVI).

*Todo lo puedo en Cristo que me fortalece.*
FILIPENSES 4:13

# - Dios me habla -

¿Qué es lo que más deseas que cambie en tu carácter, conducta y dominio propio? ¿De qué manera la perspectiva de Efesios te muestra que esto es alcanzable?

_____

_____

_____

_____

_____

_____

_____

_____

_____

_____

_____

_____

_____

*Contigo desbarataré ejércitos,*
*Y con mi Dios asaltaré muros.*
SALMO 18:29

*Mi Dios, pues, suplirá todo lo que os falta*
*conforme a sus riquezas en gloria en Cristo Jesús.*
<small>FILIPENSES</small> 4:19

# Cegados por la luz

───────────────⚜───────────────

*Y los que estaban conmigo vieron a la verdad la luz,*
*y se espantaron; pero no entendieron la voz*
*del que hablaba conmigo.*
HECHOS 22:9

El apóstol Pablo describió lo que posiblemente es el relato de conversión más asombroso de toda la historia cristiana: «Y aconteció que cuando iba de camino, estando ya cerca de Damasco, como al mediodía, de repente una luz muy brillante fulguró desde el cielo a mi alrededor. Caí al suelo y oí una voz que me decía: Saulo, Saulo, ¿por qué me persigues?» (Hechos 22:6-7, NBLA).

Así es como un hombre, temido por los primeros seguidores de Jesús por el odio brutal a sus creencias, se convirtió en Su evangelista más destacado, defensor y escritor de la mitad de los libros del Nuevo Testamento. Sus pasiones cambiaron, su corazón cambió, su misión cambió, incluso su nombre cambió. Nada volvió a ser igual para Pablo después de que le cegara aquella luz del cielo en el camino de Damasco.

Pero no todos los que presenciaron esos momentos tan impactantes se sintieron afectados de la misma manera. Otros que viajaban con él dijeron que vieron la luz, oyeron un ruido, supieron que algo extraño estaba ocurriendo, pero no pudieron distinguir el sonido como palabras reales. Es más, como el resplandor de la luz impidió ver a Pablo, «los que estaban conmigo me llevaron de la mano» (v. 11). Compañeros suyos que obviamente aún *podían* ver, a pesar de haber visto la misma luz que Pablo.

Qué tragedia ver la luz, pero no ser cambiado por ella. Cegado por ella.

Un encuentro con Dios está destinado a cambiarnos, sorprendernos, cegarnos ante antiguas búsquedas, intereses, ambiciones y deseos carnales, mientras que milagrosamente abre nuestra visión interna a búsquedas eternas. Qué desperdicio sería simplemente levantarnos y volver a nuestros hábitos normales después de estar en Su presencia y sentir la emoción de Su cercanía, después de momentos poderosos en Su Palabra, en oración, en lugares donde Él ha hecho Su camino tan claro para nosotras. Cuando Su luz brilla y Su voz habla en *este camino*, debe cambiar nuestra experiencia, nuestras elecciones, y nuestra dirección en el camino que tenemos por delante.

No te conformes con ser alguien que sólo ve la luz, pero luego sigue caminando en la misma dirección y con la misma visión que antes. Sé *cegada* ante lo que ha empañado tu pasión espiritual o te ha llevado por caminos secundarios que te alejan de tu llamado. Mira y sé transformada. Y pasa por alto todo lo demás.

> Qué tragedia ver la luz, pero no ser cambiado por ella.

*Por tanto, nosotros todos, mirando a cara descubierta*
*como en un espejo la gloria del Señor,*
*somos transformados de gloria en gloria en la misma imagen,*
*como por el Espíritu del Señor.*
2 Corintios 3:18

# - Dios me habla -

A lo largo de este devocional, ¿a qué te has «cegado»? ¿A qué se han «abierto» tus ojos espirituales?

_La exposición de tus palabras alumbra;_
_Hace entender a los simples._
Salmo 119:130

*La lámpara del cuerpo es el ojo; cuando tu ojo es bueno,
también todo tu cuerpo está lleno de luz;
pero cuando tu ojo es maligno,
también tu cuerpo está en tinieblas.*
Lucas 11:34

# OTROS RECURSOS PARA MUJERES

## LA BELLEZA DE LA CRUZ

La belleza, misterio y gloria de la cruz inspiran este estudio corto de teología bíblica. Cada capítulo incluye una invitación a meditar en una obra de arte (pintura, artefacto, escultura, etc.) y busca describir la belleza y misterio de la cruz. Esto lleva a un estudio bíblico en una sección específica de la Escritura. Cada capítulo termina con un corto poema que también refleja la importancia de la cruz y cómo esto nos debe llevar a una vida de servicio y devoción a Cristo.
**9-781-0877-6979-0 - $14.99**

## SALMO 23

Muchas mujeres se saben el Salmo 23 de memoria, pero no han experimentado su poder en sus vidas. Este amado salmo puede infundir nueva vida a las mujeres que están cansadas e inseguras de sus próximos pasos. Es más que un salmo que consuela en la muerte; da confianza en la vida. En este estudio de 7 sesiones de Jennifer Rothschild, obtendrás una nueva perspectiva y aliento del Salmo 23. Explora las profundidades de la vida de Dios. Explora las profundidades del cuidado compasivo de Dios mientras desacreditas el mito de la autosuficiencia. Aprende cómo tu vulnerabilidad no es una desventaja porque puedes confiar en la bondad del Pastor a lo largo de cada etapa de la vida. **9-781-4300-8641-3 - $14.99**

## ANSIEDAD
### ESTUDIO BÍBLICO CON VIDEOS PARA MUJERES

Scarlet Hiltibidal en este estudio de 8 sesiones te ayuda a aprender prácticas para tomar la perfecta paz que está solo disponible por medio de Dios mientras profundizas en Su Palabra, cultivas la práctica de la oración y vives auténticamente con el apoyo de nuestras comunidades de fe. **9-781-0877-7871-6 - $14.99**

## LA ARMADURA DE DIOS
### UN ESTUDIO DE 7 SESIONES

Cada día, vives en una guerra espiritual invisible y muchas veces desconocida. Sin embargo, la sientes en cada aspecto de tu vida. Un enemigo maligno y devoto lucha por atacar todo lo que te interesa: tu corazón, mente, matrimonio, hijos, relaciones, perseverancia, sueños, y destino. Si estás cansada de sentirte intimidada, y que los ataques te agarren desprevenido, este estudio es para ti.
**9-781-4300-5523-5 - $14.99**

## ELÍAS. FE Y FUEGO
### UN ESTUDIO DE 7 SESIONES

Elías se levantó para ser la voz implacable de la verdad en medio de un tiempo de crisis nacional y declive moral. A su ministerio lo caracterizó una fe tenaz y un fuego santo: elementos que necesitarás para permanecer firme en la cultura de hoy.
**9-781-0877-5696-7 - $14.99**

## DIOS DE LA CREACIÓN
### ESTUDIO BÍBLICO DE 10 SESIONES CON VIDEO

A través de 10 sesiones de estudio de versículo por versículo, profundizamos en los primeros 11 capítulos de Génesis siguiendo tres niveles esenciales del aprendizaje: la comprensión, la interpretación y la aplicación. Los videos de enseñanza son clave para entender este estudio. Haz un repaso de las historias y personajes históricos conocidos, desafía tu conocimiento básico y descubre significados más profundos en el texto. Es a medida que Dios se revela a sí mismo en la Escritura, en donde podemos comenzar a entendernos a nosotras mismas en el destello del carácter, atributos y promesas del Creador.
**9-781-5359-9741-6 - $14.99**

www.lifewaymujeres.com

**Lifeway mujeres**